U0515913

赫赫曾侯·穆穆和钟

曾国七百年青铜器特展

漳州市博物馆　编

文物出版社

图书在版编目（CIP）数据

赫赫曾侯·穆穆和钟：曾国七百年青铜器特展 / 漳州市博物馆编. —— 北京：文物出版社，2023.6

ISBN 978-7-5010-8047-2

Ⅰ. ①赫… Ⅱ. ①漳… Ⅲ. ①青铜器(考古)—介绍—漳州—西周时代–春秋战国时代 Ⅳ. ①K876.41

中国国家版本馆CIP数据核字(2023)第082022号

赫赫曾侯·穆穆和钟
曾国七百年青铜器特展

编　　者：漳州市博物馆

责任编辑：张晓曦
责任印制：张道奇

出版发行：文物出版社
社　　址：北京市东城区东直门内北小街2号楼
邮　　编：100007
网　　址：www.wenwu.com
经　　销：新华书店
印　　刷：北京荣宝艺品印刷有限公司
开　　本：889mm×1194mm　1/16
印　　张：13
版　　次：2023年6月第1版
印　　次：2023年6月第1次印刷
书　　号：ISBN 978-7-5010-8047-2
定　　价：380.00元

本书版权独家所有，非经授权，不得复制翻印

编委会

李海梅　林登山　李和安　陈　玲　徐翌昕　康东鹏

展览支持

随州市博物馆

项　章　孙建辉　王生慧　后加升　程　辉　李媛媛

序言

　　壬寅金秋，翘首企盼，"赫赫曾侯·穆穆和钟——曾国七百年青铜器特展"在漳州市博物馆隆重开幕。值此展览图录出版之际，我谨代表随州市博物馆向此次展览付出辛劳工作的漳州市博物馆同仁表示衷心的感谢！

　　两周曾国，证经补史。近年来，曾国历史文化的考古和研究备受社会各界的广泛关注，新发现硕果累累，先后破解了"曾随之谜""曾侯族属"等悬而未决的历史之谜，厘清了曾国延续 700 年的发展脉络，被列入了"考古中国""中华文明探源工程"等重大社科项目。

　　器以载道，物以传情。此次参展文物包含 2011 年全国十大考古新发现（叶家山曾国墓地）、2013 年全国十大考古新发现（文峰塔曾国墓地）等出土珍贵文物共计 48 件（套），其数量众多、器形丰富、价值深厚。以"见物、见人、见精神"为布展宗旨，通过展览曾国青铜文物的璀璨辉煌，彰显两周时期曾国"从左右文武到左右楚王"的独特风采，揭示出曾国历史文化是中华文明多元一体的重要组成部分，让公众更好地认识源远流长、博大精深的中华文明，为弘扬中华优秀传统文化，增强文化自信提供强有力的支撑。

江河入海，吉金耀闽。随州地处汉水流域，漳州位于东南沿海，江河入海两地水域相通；青铜吉金闪耀八闽福地，得以让千年文脉两地互鉴。欣闻，此次展览举办期间漳州博物馆同步开展的社教活动、文化讲座、新闻宣传火爆全网，并入选《2022 年度全国热搜博物馆百强榜单》，可喜可贺。

在此，向漳州市博物馆的同仁再次致以最诚挚的谢意！

项　章

随州市博物馆馆长

2023 年 4 月 12 日

目录

学术论文

挖出来的
汉东大国

项 章 王生慧

一 引言

曾国这个诸侯国，此前史籍无载，完全不为人所知，其历史是通过考古发掘而逐步揭示的，这在周代诸侯国历史研究中是绝无仅有的。从西周早期到战国中期（仅西周中期存在缺环），从国君墓葬到中小贵族墓葬，不同等级的聚落遗存等基本都有揭露，使曾国成为周代考古中物质文化面貌揭示最为完整的诸侯国，也是唯一一个利用考古资料构筑起基本历史的诸侯国，被誉为"挖出来的诸侯国"。让我们一起走进这个隐藏了3000年而无人知晓的神秘国家！看看它是一个怎样的国家？存在了多长时间？

二 曾国墓葬及曾国青铜器系列发现

曾国铭文铜器早在宋代就有"安州六器"出现，"楚王酓章钟"铸有关于曾侯的铭文[1]。到了20世纪，发现湖北随县曾侯乙墓前，随州及周边地区[2]就出土过多批次曾国有铭青铜器。这些零星发现并没有引起当时学界的足够重视。直到1978年，在湖北随县擂鼓墩发现特大型战国早期曾侯乙墓[3]后，曾国的历史研究才成为考古、历史学界讨论的热点。继曾侯乙墓考古发现之后，在随枣地区又发现多批曾国墓葬。特别是进入21世纪，为配合农田改造、市政工程建设和揭示曾国社会等主动性研究，特别是在"考古中国"重大项目平台的支持下，考古工作者在随枣走廊地区发掘出土了多批次有铭曾国青铜器。一系列考古新发现使曾国文化面貌更加清晰完整，曾国历史研究有了重大的突破。

下文将按照考古时间顺序逐一梳理历年发现的曾国墓葬和出土的曾国青铜器[4]。

1933年，安徽李三孤堆楚王墓出土了"曾姬无卹"壶一对。"曾姬"是楚声王（公元前407～前402年）夫人，铭文记载了曾国女子"无卹"嫁给楚声王的历史。

1 薛尚功：《历代钟鼎彝器款识法帖》卷六《曾侯钟》，中华书局，1986年；中国社会科学院考古研究所：《殷周金文集成》，中华书局，2007年。

2 湖北省博物馆：《湖北枣阳县发现曾国墓葬》，《考古》1975年第4期；河南省博物馆等：《河南新野古墓葬清理简报》，《文物资料丛刊》第2辑，文物出版社，1978年，第70～74页等；左超：《关于曾国问题的补遗》，《楚文化研究论集》（第五集），黄山书社，2003年。

3 湖北省博物馆：《曾侯乙墓》，文物出版社，1989年。

4 本文所列举的曾国墓葬，多数出土带有明确"曾"字铭文标识的青铜器，个别墓葬虽无"曾"字铭文青铜器出土，但通过与邻近地区所出相似曾国青铜器对比，及出土地点共存关系，可以明确为曾国墓葬。

1966 年，湖北京山苏家垄出土青铜器 97 件，其中铜容器共 33 件，在 2 件鼎上有"曾侯仲子游父自作鬻彝"铭文、2 件豆盘内有"曾中游父自作宝甫"的铭文，2 件壶上有"曾中游父用吉金自作宝壶"铭文[5]。这批铜器的主人应为游父，年代为两周之际。

1970 年，湖北随县均川熊家老湾出土了 6 件铜器，包含"曾伯文"铜簋 4 件、"曾伯文"罍 1 件、方卣 1 件，年代为西周晚期[6]。

1971 年，河南新野小西关一座墓葬出土了曾国铜器"曾子仲渎甗"1 件，年代为春秋早期[7]。

1972 年，湖北随县均川熊家老湾出土铜器 9 件，包含鼎 3 件、方甗 1 件、簋 2 件、罍 1 件、盘 1 件、匜 1 件，有铭铜器为"黄季"鼎 1 件，"曾仲大父蛕"簋 2 件，年代为西周晚期[8]。

1972 年，湖北枣阳曹门湾出土 4 件铜器，垂麟纹鼎 2 件、瓦纹簋 2 件，年代为西周晚期[9]。

1972 年，湖北枣阳熊集镇段营一处墓葬出土 289 件青铜器，其中铜容器 9 件，包括鼎 3 件、簋 4 件、壶 2 件等礼器，其中 1 件窃曲纹鼎有"曾子仲渎"铭文，年代为两周之际[10]。

1973 年，湖北京山檀梨树岗出土"曾太师"鼎、"曾子单"鬲 2 件有铭文铜器，年代为两周之际[11]。

1975 年，湖北随县环潭镇涢阳鲢鱼嘴出土青铜器 8 件，有铭铜器有"曾子原彝"簋（失盖）1 件、"曾仲之孙"戈 1 件和"屈子赤角"簋 1 件、"息子"行盆 1 件，年代为春秋晚期[12]。

1975 年，湖北随县均川刘家崖出土青铜器，包含"连迁"升鼎 3 件，"连迁"深腹鼎 1 件，年代为春秋中晚期[13]。

1976 年，湖北随县万店镇周家岗出土 16 件青铜器，有铭铜器"曾太保"簋 2 件、"庥季"鼎 2 件、"庥季"盘 1 件，年代为春秋早期[14]。

1978 年，湖北随县擂鼓墩墓群东南部的东团坡发现曾侯乙墓，年代为战国早期。出土遗物多达 15404 件，包括青铜、漆木竹器、金器、玉器、石器及竹简等。整座墓葬出土青铜器总重量超过 10 吨，包括一套十二律俱全的青铜双音 65 件编钟（图一），以及鼎、簋、鬲、甗、簠、尊、壶、盘、匜等众多礼器（图二）。有超过 100 件青铜器铭文带"曾侯乙"，墓主毫无疑问是曾侯乙[15]。被列为"中国 20 世纪 100 项考古大发现"之一。

1979 年 4 月，湖北随县义地岗墓地南部季氏梁出土一批青铜器。有铭铜器为"曾大攻

5　湖北省博物馆：《湖北京山发现曾国铜器》，《文物》1972 年第 2 期。
6　鄂兵：《湖北随县发现曾国铜器》，《文物》1973 年第 5 期。
7　河南省博物馆等：《河南新野古墓葬清理简报》，《文物资料丛刊》第 2 辑，文物出版社，1978 年，第 70 ~ 74 页。
8　鄂兵：《湖北随县发现曾国铜器》，《文物》1973 年第 5 期。
9　湖北省博物馆：《湖北枣阳县发现曾国墓葬》，《考古》1975 年第 4 期。
10　湖北省博物馆：《湖北枣阳县发现曾国墓葬》，《考古》1975 年第 4 期。
11　杨权喜：《江汉地区发现的商周青铜器——兼述楚文化与中原文化的关系》，《中国考古学会第三次年会论文集》，文物出版社，1984 年；黄锡全：《湖北出土商周文字辑证》，武汉大学出版社，1992 年。
12　程欣人：《随县涢阳出土楚、曾、息青铜器》，《江汉考古》1980 年第 1 期。
13　随州市博物馆：《湖北随县刘家崖发现古代青铜器》，《考古》1982 年第 2 期。
14　随州市博物馆：《湖北随县发现商周青铜器》，《考古》1984 年第 6 期。
15　湖北省博物馆：《曾侯乙墓》，文物出版社，1989 年。

图一　曾侯乙编钟

图二　曾侯乙尊盘

图三　曾大攻尹季怠戈

尹季怠"戈1件（图三）、"周王孙季怠"戈1件和"陈公子仲庆簠"1件，年代为春秋中期[16]。这是在随州义地岗首次发现曾国墓葬及铜器。

1980年，湖北随县均川刘家崖一座墓葬中出土青铜器30件，有铭铜器为"盅"鼎1件、"盜叔"鼎1件、"盜叔"圆壶2件、"盜叔"戈1件，年代为春秋中晚期[17]。

1981年，湖北随县曾侯乙墓以西发掘擂鼓墩二号墓，出土九鼎八簠、一套36件编钟，升鼎9件等大量曾国铜器，墓主身份当在曾侯一级，年代为战国中期[18]。

1982年，湖北枣阳曹门湾农民采集到1件"曾侯绊伯"戈[19]，年代为春秋早期。

1983年1月，湖北枣阳曹门湾墓区东部一座墓葬中发现鼎1件、簠2件、圆壶1件[20]，年代为西周晚至春秋早期。

16　随县博物馆：《湖北随县城郊发现春秋墓葬和铜器》，《文物》1980年第1期。
17　随州市博物馆：《湖北随县刘家崖发现古代青铜器》，《考古》1982年第2期。
18　随州博物馆：《随州擂鼓墩二号墓》，文物出版社，2008年。
19　田海峰：《湖北枣阳县又发现曾国铜器》，《江汉考古》1983年第3期。
20　田海峰：《湖北枣阳县又发现曾国铜器》，《江汉考古》1983年第3期。

1983年4月，在郭家庙墓地之西发现一座墓葬，出土鼎1件、罐2件[21]，年代为西周晚至春秋早期。

1988年1月，湖北随州安居徐家嘴村汪家湾一座墓葬，出土有铭铜器"曾孙定之脰鼎"1件、"曾都尹定之行簠"2件，年代为春秋晚期[22]。

1989年，河南罗山高店砖瓦厂出土青铜器、铜容器5件，有铭铜器"曾夫臣"簠、盘、匜。这座墓的墓主应为曾夫臣[23]。据学者推测曾夫臣属于客死他乡的曾国贵族[24]。

1994年初，湖北随州义地岗墓地西南部的石油公司东风油库扩建工程中，清理出3座春秋晚期曾国贵族墓。M1出土6件铜容器，鼎1件、甗1件、簠1件、方壶1件、盘1件、

图四　曾少宰黄仲酉铜器群
（由左至右、由上至下依次为：鼎、甗、壶、父、盘、匜）

21　徐正国：《枣阳东赵湖再次出土青铜器》，《江汉考古》1984年第4期。
22　随州市博物馆：《湖北随州市安居镇发现春秋曾国墓》，《江汉考古》1990年第1期。
23　左超：《关于曾国问题的补遗》，《楚文化研究论集》（第五集），黄山书社，2003年。
24　张昌平：《曾国青铜器研究》，文物出版社，2009年，第53页。

匜 1 件，均有铭文"曾少宰黄仲酉"（图四）。M2 出土铜容器 5 件，其中 4 件带铭文的容器为"可"所作，包括簋 1 件、方壶 1 件、盘 1 件、匜 1 件。M3 出土铜容器 6 件，有铭铜器为"曾侯邸"铜鼎 1 件（图五）、"曾仲姬"提链铜壶 1 件[25]（图六）。

图五　曾侯邸鼎　　　　　　　　　　　图六　曾仲姬提链壶

2002 年，为配合高速公路建设，考古队在湖北枣阳郭家庙发掘清理了 25 座曾国墓葬，年代为两周之际。墓地出土有铭铜器"曾伯陭"钺 1 件（M21 曾伯陭墓）、"曾旦嫚非录"鼎 2 件（GM17 疑似曾侯夫人墓）、"曾孟嬴剈"簋 1 件（M1）[26]。

2009 年，为配合工程建设，湖北省文物考古研究所、随州市博物馆在义地岗墓群文峰塔墓地进行了抢救性发掘，清理 2 座墓葬，年代为春秋晚期。其中 M1 出土青铜礼器有鼎、鬲、缶和乐器编钟，铜鬲、编钟带有铭文"曾侯與"（图七），结合墓葬规模和出土器物，可确定 M1 墓主为曾国的一代国君曾侯與。M2 出土多为铜器残片，有 9 件陶器，其中仿铜陶鬲上有一陶文"曾"。结合墓葬规模和残存出土器物，报告作者推断 M2 是一座曾国高等级贵族墓，墓主极有可能是一位与曾侯與有亲缘关系的曾侯。本次发掘所获资料，尤其是出土铜器上所载铭文透露出的历史文化信息非常重要，如"曾侯與"编钟铭文为研究曾国族属及曾随关系提供了重要论据[27]。

2011 年 9 月，为配合湖北随州城市建设，湖北省文物考古研究所在随州文峰塔墓地抢救发掘一座墓葬，编号为 M4，年代为春秋晚期。仅清理出一些小件器物，但有重要研究价值，在出土的青铜戟上可见残存铭文"曾侯"二字，追回一件青铜甬钟，上有 34 字铭文，根据读序，铭文如下："徇乔（骄？）壮武，左右楚王，弗讨是许，穆穆曾侯，畏忌温龔，□□□□命，以怃此鰥寡，绥怀（？）彼无□，余……"，这段曾侯自夸铭文反映了曾国从西周初年"左右文武"到春秋晚期"左右楚王"的历史转变过程，是曾国在春秋晚期成为楚国附庸的确

25　湖北省文物考古研究所、随州市曾都区考古队、随州市博物馆：《湖北随州义地岗墓地曾国墓 1994 年发掘简报》，《文物》2008 年第 2 期。

26　襄樊市考古队、湖北省文物考古研究所、湖北孝襄高速公路考古队：《枣阳郭家庙曾国墓地》，科学出版社，2005 年。

27　湖北省文物考古研究所、随州市博物馆：《随州文峰塔 M1（曾侯與墓）、M2 发掘简报》，《江汉考古》2014 年第 4 期。

图七　曾侯與编钟

凿证据[28]。根据墓葬规模和出土器物铭文，推定 M4 应是一座曾侯级别的墓葬，有学者考证其墓主人为曾侯郏[29]。

2011 年，为配合湖北随州城市建设工程，湖北省文物考古研究所在义地岗墓地西南部小树林进行了一次抢救性发掘，清理出曾公子去疾墓，年代为春秋晚期，编号为 M6。出土铜礼器有 10 件，其中铜鼎 2 件、铜簠 2 件、铜甗 1 件、铜壶 2 件、铜缶 1 件、铜斗 1 件，上均有铭文 "曾公子去疾"，据此判断墓主人为曾公子去疾[30]。结合以往发现，推断义地岗墓地应为一处春秋时期曾国高等级家族墓地。

2011、2013 年，因农田改造挖出青铜器，考古工作者两次对湖北随州叶家山曾国墓地进行了考古发掘，共发掘 142 座墓葬，年代为西周早期。出土了"曾侯谏""曾侯犺"和"曾侯"等重要铭文铜器[31]，可知叶家山墓地至少埋葬有三代曾侯。这是关于曾国始封问题研究的重要突破。"湖北随州叶家山西周早期曾侯墓地"获得"2011 年全国十大考古新发现"。

2012 年 10 月，湖北随州警方破获了一起文物案件，追缴回 198 件（套）不同时期的文物，其中包括 1 件 "曾侯宝"鼎[32]，年代为春秋早期，现藏于随州市博物馆。

28　湖北省文物考古研究所、随州市博物馆：《湖北随州文峰塔墓地M4发掘简报》，《江汉考古》2015年第1期。

29　方勤：《文峰塔M4墓主人为曾侯郏小考》，湖北省文物考古研究所编：《曾国考古发现与研究》，科学出版社，2018年。

30　湖北省文物考古研究所、随州市博物馆：《湖北随州义地岗曾公子去疾墓发掘简报》，《江汉考古》2012年第3期。

31　湖北省文物考古研究所、随州市博物馆：《湖北叶家山M65发掘简报》，《江汉考古》2011年第3期；湖北省文物考古研究所、随州市博物馆：《湖北随州叶家山西周墓地发掘简报》，《文物》2011年第11期；湖北省文物考古研究所、随州市博物馆：《湖北随州叶家山西周墓地》，《考古》2012年第7期；湖北省文物考古研究所、随州市博物馆：《随州叶家山第二次发掘的主要收获》，《江汉考古》2013年第3期；湖北省文物考古研究所、随州市博物馆：《湖北随州叶家山M28发掘报告》，《江汉考古》2013年第4期；湖北省博物馆、湖北省文物考古研究所、随州市博物馆：《随州叶家山西周早期曾国墓地》，文物出版社，2013年；湖北省文物考古研究所、随州市博物馆、出土文献与中国古代文明协同创新中心：《湖北随州叶家山M107发掘简报》，《江汉考古》2016年第3期；湖北省文物考古研究所、随州市博物馆：《湖北随州叶家山M111发掘简报》，《江汉考古》2020年第2期。

32　项章：《随州博物馆藏曾侯甸鼎》，《文物》2014年第8期；随州市博物馆、随州市公安局：《追回的宝藏》，武汉大学出版社，2019年，第2页。

2012 年 8 月～2013 年 1 月，因湖北随州东城文峰塔社区进行房地产开发建设，在文峰塔墓地发掘了一批曾国墓葬，年代为春秋中晚期至战国中期。出土的部分铜器上有"曾""曾子""曾公子""曾孙"及"曾大司马"等铭文，根据铭文判定国属应为曾。墓主大多为曾侯以及曾国的公族。带墓道的大墓 2 座，即 M18、M8，从墓葬规模和铜礼器及铭文可以判断，M18 墓主为曾侯丙，年代为战国中期偏早，略晚于曾侯乙墓。其他中、小型墓葬的墓主根据铭文可以推定有：曾孙邵（M21）、曾大司马国（M32）、曾子虡（M34）、曾子旆（M35）、曾子怀（M38）、曾大工尹乔（M61）[33] 等。"湖北随州文峰塔东周墓地"获得"2013 年全国十大考古新发现"。这些重要的考古资料表明，文峰塔墓地是一处春秋晚期至战国中期的曾国贵族墓地。

2014、2015 年，湖北省文物考古研究所对枣阳郭家庙墓区和曹门湾墓区分别进行了发掘，清理了一批曾国墓葬，年代为两周之际。出土有曾子泽鼎（曹门湾 M10），曾子寿鼎（曹门湾 M13），曾子鼎 1 件、曾太保簠 2 件（曹门湾 M43）等曾国贵族级铭文铜器[34]。"枣阳郭家庙曾国墓地"被评为"2014 年全国十大考古新发现"。

2015～2017 年，湖北省文物考古研究所在京山苏家垄进行大规模考古发掘，清理曾国古墓葬 101 座，年代为两周之际至春秋中期。出土了一批曾伯桼铜器群和反映曾楚关系的器物，其中，M79 出土的鼎、簠、鬲等多件铜器上有铭文"曾伯桼"，而 M88 出土三鼎四簠和一枚铜镜，鼎和簠均有"芈克"字样。分析确认 M79 墓主人为"曾伯桼"，M88 为曾伯桼夫人"芈克"墓[35]。

2017 年 6～12 月，为配合汉东东路建设及棚户区改造，湖北省文物考古研究所、随州市博物馆、随州市曾都区考古队组建联合考古队，在义地岗墓群南部汉东东路墓地发掘 39 座曾国贵族墓，年代为春秋中、晚期，新出土了一批"曾""曾子""曾孙""曾侯""曾公""曾叔孙""曾叔子"等铭文铜器。其中 M129 为"甲"字形大墓，虽被严重盗扰，仍见有"曾公得"铭文编钟一套 20 件，和 1 件"曾侯得"铭文铜戈，进一步补充了曾侯世系列表。还可确认 M81 和 M110 为曾叔孙湛及其夫人墓[36]。

2018～2019 年，湖北省文物考古研究所、北京大学考古文博学院、随州市博物馆、曾都区考古队联合在随州义地岗墓群枣树林墓地发掘了一批曾国贵族墓葬，年代为春秋中期。确认了"曾公裓"（M190）及夫人"渔"墓（M191）、"曾侯宝"（M168）及夫人"芈加"

33 湖北省文物考古研究所、随州市博物馆：《湖北随州文峰塔墓地考古发掘的主要收获》，《江汉考古》2013 年第 1 期。《湖北随州市文峰塔东周墓地》，《考古》2014 年第 7 期。

34 武汉大学中国传统文化研究中心、湖北省文物考古研究所：《枣阳郭家庙曾国墓地曹门湾墓区考古主要收获》，《江汉考古》2015 年第 3 期；湖北省文物考古研究所、湖北荆州文物保护中心、襄阳市文物考古研究所、枣阳市博物馆考古队：《湖北枣阳郭家庙墓地曹门湾墓区（2014）M10、M13、M22 发掘简报》，《江汉考古》2016 年第 5 期；武汉大学历史学院、湖北省文物考古研究所、湖北荆州文物保护中心、枣阳市博物馆考古队：《湖北枣阳郭家庙墓地曹门湾墓区（2015）M43 发掘简报》，《江汉考古》2016 年第 5 期；方勤：《郭家庙墓地的性质》，《江汉考古》2016 年第 5 期。襄樊市考古队、湖北省文物考古研究所、湖北孝襄高速公路考古队：《枣阳郭家庙曾国墓地》，科学出版社，2005 年；方勤、吴宏堂：《穆穆曾侯：枣阳郭家庙曾国墓地》，文物出版社，2015 年。

35 方勤、胡长春等：《湖北京山苏家垄遗址考古收获》，《江汉考古》2017 年第 6 期；方勤：《曾国历史与文化》，上海古籍出版社，2019 年，第 57～60 页。

36 湖北省文物考古研究所、随州市博物馆、随州市曾都区考古队：《随州汉东东路墓地 2017 年考古发掘收获》，《江汉考古》2018 年第 1 期。

墓（M169）两组曾侯夫妇合葬墓[37]，填补了曾侯世系缺环，证实了曾、随为同一个诸侯国。"湖北随州枣树林春秋曾国贵族墓地"获得"2019年全国十大考古新发现"。

曾国丰富的考古发现集中出土在随枣走廊区域内，我们对已发现的曾国墓葬发掘资料进行了认真梳理。关于曾国的考古遗存，从西周早期至战国中期，从国君到中小贵族的墓葬，目前都进行了考古发掘，一系列的考古发现不仅确认了曾国的存在，还完整展现了它自西周始封到战国灭亡700年间的历史进程。曾侯序列基本连贯，这在周代诸侯国的考古和历史研究中是绝无仅有的。

继曾侯乙墓被列为"中国20世纪100项考古大发现"之后，随州叶家山西周早期曾侯墓地、文峰塔东周曾国墓地、枣阳郭家庙曾国墓地、随州枣树林春秋曾国贵族墓地，都分别入选当年全国十大考古新发现。湖北京山苏家垄周代遗址（包括曾国贵族墓地）入选"2017年中国六大考古新发现"。随州擂鼓墩古墓群、叶家山曾国墓地、义地岗古墓群先后被列为全国重点文物保护单位，2021年这几处墓葬群更是作为"湖北随州曾侯墓群"被评为"百年百大考古发现"之一。它的重要性由此可见一斑。

三 结语

古代曾国，这个地处周代南土边关的诸侯封国，由于史书记载阙如而默默无闻。对曾国的研究，是由考古发现推动的。40年前，湖北随州擂鼓墩曾侯乙墓的横空出世，在学术界引发了"曾随之谜"争论而名扬天下。近年来包括叶家山、文峰塔、郭家庙、苏家垄、枣树林等遗址和墓地在内的系列考古新发现，使曾国的历史文化面貌更加清晰完整。2012年，湖北随州文峰塔墓地M21曾孙邵墓既出土有带"曾"字铭文铜器，又发现1件"随大司马嘉有之行戈"，这也是考古发掘首次出现"随"字铭文铜器，为曾随关系研究提供了科学发掘出土的实物证据[38]。2019年，湖北随州枣树林墓地曾侯宝夫人芈加铜缶铭文"楚王媵随仲芈加"、曾公睪夫人渔墓铜器铭文"唐侯制随侯行鼎"[39]，充分证明曾即为随，曾随为一国二名，为学术界长期以来关于"曾随之谜"的争论画上了句号。史载随国是周王朝在南土的重要姬姓封国，《左传》云"汉东之国随为大"，所以曾国可谓是"挖出来的汉东大国"！

曾国历史从史籍无载，到通过考古材料揭示出清晰的国君世系、社会阶层、文化面貌，构建起完整清晰的历史发展脉络，直观体现出"考古写史"的重要意义。通过这些丰硕考古成果生动说明了中华民族和中华文明多元一体、家国一体的形成发展过程，展示了中国在悠久历史进程中为人类文明进步作出的突出贡献。正体现了习总书记所说"建设中国特色、中国风格、中国气派的考古学，更好认识源远流长博大精深的中华文明"。

37 湖北省文物考古研究所、北京大学考古文博学院、随州市博物馆、曾都区考古队：《湖北随州市枣树林春秋曾国贵族墓地》，《考古》2020年第7期。

38 湖北省文物考古研究所、随州市博物馆：《湖北随州文峰塔墓地考古发掘的主要收获》，《江汉考古》2013年第1期。《湖北随州市文峰塔东周墓地》，《考古》2014年第7期。

39 湖北省文物考古研究所、北京大学考古文博学院、随州市博物馆、曾都区考古队：《湖北随州市枣树林春秋曾国贵族墓地》，《考古》2020年第7期。

曾国春秋时期铜器
纹饰的分期与研究

李晓杨　陈　虎　段姝杉　郭长江

近年，曾国墓葬已被发掘 500 余座。文峰塔墓地[1]、郭家庙墓地[2]、苏家垄墓地[3]、汉东东路墓地[4]、枣树林墓地[5]等发掘资料基本构建了曾国春秋时期完整的文化序列。此外，"游父"器物群[6]、"曾太师"器[7]、枣阳段营墓葬[8]、均川刘家崖墓葬[9]、周家岗墓葬[10]、何家台墓葬[11]、安居汪家湾墓葬[12]等墓葬材料也极大补充了该时期文化序列。这些墓葬出土的成千上万件铜器彰显了曾国独特的文化内涵。目前，学界多关注于曾侯世系、曾随关系、铭文考释、铜器形制和制作技术等问题的研究，而缺乏对铜器纹饰的分析研究。本文则根据近期考古发掘出土材料，对该时期曾国铜器纹饰进行分期和文化风格转换研究分析。

1 湖北省文物考古研究所、随州市博物馆：《随州文峰塔M1（曾侯舆墓）、M2发掘简报》，《江汉考古》2014年第4期。湖北省文物考古研究所、随州市博物馆：《湖北随州文峰塔墓地M4发掘简报》，《江汉考古》2015年第1期。湖北省文物考古研究所、随州市博物馆：《湖北随州义地岗公子去疾墓发掘简报》，《江汉考古》2012年第3期。湖北省文物考古研究所、随州市博物馆：《湖北随州市文峰塔东周墓地》，《考古》2014年第7期。湖北省文物考古研究所：《湖北随州文峰塔墓地考古发掘的主要收获》，《江汉考古》2013年第1期。

2 襄樊市考古队、湖北省文物考古研究所等：《枣阳郭家庙曾国墓地》，科学出版社，2005年。方勤、胡刚：《枣阳郭家庙曾国墓地曹门湾墓区考古主要收获》，《江汉考古》2015年第3期。武汉大学历史学院、湖北省文物考古研究所等：《湖北枣阳郭家庙墓地曹门湾墓区（2015）M43发掘简报》，《江汉考古》2016年第5期。湖北省文物考古研究所、湖北荆州文物保护中心等：《湖北枣阳郭家庙墓地曹门湾墓区（2014）M10、M13、M22发掘简报》，《江汉考古》2016年第5期。田海峰：《湖北枣阳又发现曾国铜器》，《江汉考古》1983年第3期。徐正国：《枣阳东赵湖再次出土青铜器》，《江汉考古》1984年第4期。

3 方勤、胡长春等：《湖北京山苏家垄遗址考古收获》，《江汉考古》2017年第6期。湖北省文物考古研究所：《湖北京山苏家垄墓群M85发掘简报》，《江汉考古》2018年第1期。湖北省文物考古研究所：《湖北京山苏家垄墓地M2发掘简报》，《江汉考古》2011年第2期。

4 湖北省文物考古研究所、随州市博物馆、随州市曾都区考古队：《随州汉东东路墓地2017年考古发掘收获》，《江汉考古》2018年第1期。

5 湖北省文物考古研究所、北京大学考古文博学院、随州市博物馆等：《湖北随州枣树林墓地2019年发掘收获》，《江汉考古》2019年第3期。湖北省文物考古研究所等：《湖北随州市枣树林春秋曾国墓地》，《考古》2020年第7期。湖北省文物考古研究所、北京大学考古文博学院等：《湖北随州枣树林墓地81与110号墓发掘》，《考古学报》2021年第1期。

6 湖北省博物馆：《湖北京山发现曾国铜器》，《文物》1972年第2期。

7 杨权喜：《江汉地区发现的商周青铜器——兼述楚文化与中原文化的关系》，《中国考古学会第三次年会论文集》，文物出版社，1984年。张昌平：《曾国青铜器》，文物出版社，2006年。

8 湖北省博物馆：《湖北枣阳县发现曾国墓葬》，《考古》1975年第4期。

9 随州市博物馆：《随州均川出土铭文青铜器》，《江汉考古》1986年第2期。随州市博物馆：《湖北随县刘家崖发现古代青铜器》，《考古》1982年第2期。

10 随州市博物馆：《湖北随县发现商周青铜器》，《考古》1984年第6期。

11 随州市博物馆：《湖北随县新发现古代青铜器》，《考古》1982年第2期。

12 随州市博物馆：《湖北随州市安居镇发现春秋曾国墓》，《江汉考古》1990年第1期。

一 纹饰的演变

曾国春秋时期铜器纹饰常见有窃曲纹、龙纹、环带纹、重环纹、垂鳞纹、瓦楞纹、蟠虺/螭纹、三角云纹等纹样，其中变化较为明显的为窃曲纹、龙纹、蟠虺/螭纹、垂鳞纹、环带纹和三角云纹。

学术论文

（一）窃曲纹

窃曲纹根据纹饰构图元素，可以分两类，甲类为"C"形图案构图，乙类为"S"形图案构图。乙类窃曲纹无明显变化。

根据构图顺序，甲类窃曲纹可以分为两型。

A型为或带目的单个"◡"形单元连续结构。其可分三式，Ⅰ式，"◡"形单元首、尾部细长；Ⅱ式，"◡"形单元只留有首或尾；Ⅲ式，"◡"形单元没有首尾。

B型为或带目的中心对称或者旋转对称的"◡"形单元连续结构。其可分三式，Ⅰ式，纹饰线条较细长，结构较连贯、平滑，"◡"形整体结构严谨；Ⅱ式，纹饰中"◡"形尾部细长或单独演变为两个单独小的"◡"形单元。Ⅲ式，纹饰中"◡"形结构尾部分化为若干个小的"◡"形单元（表一）。

表一 窃曲纹型式分析

甲类			乙类
A 型	B 型		
Ⅰ			
Ⅱ			
Ⅲ			

（二）龙纹

龙纹根据纹饰构图元素，可以分为两类，甲类具象龙纹，乙类为抽象龙纹。

甲类根据构图结构，可以划分为五型。

A型，单龙蜷曲状，可以分两式。Ⅰ式龙纹高宽冠、兽嘴较长；Ⅱ式龙纹冠较窄、兽嘴变短。

B型，中心对称或者旋转对称的龙形连续排列结构。其又可细分为两个亚型，Ba型双龙中心对称结构，Bb型多龙中心对称或旋转对称结构，组成形式多样。Ba型未有式的变化，Bb型可分两式，Ⅰ式龙纹冠较长弧、兽嘴较长；Ⅱ式龙纹冠较窄，兽嘴变短。

C型，由多条龙纹互相缠绕交错结构，可分三式。Ⅰ式较少龙纹简单缠绕分布排列；Ⅱ式多条龙纹尾部相互缠绕交错排布、线条圆曲；Ⅲ式缠绕方式同Ⅱ式，线条较方直且加刻细密卷云线。

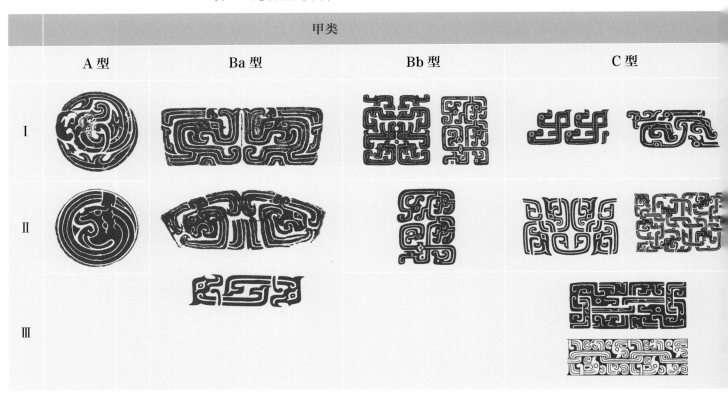

表二　龙纹型式分析

　　D 型，或带目的"S"形的双首龙纹连续结构，可以分为两个亚型，Da 型双首尾部相连，Db 型双首尾部不相连。Da 型可分两式，Ⅰ式双首龙纹共尾；Ⅱ式双首龙纹尾部分离，以单独的小"C"形结构对称相连。Db 型也可分三式，Ⅰ式龙纹尾部成弧边三角状；Ⅱ式龙纹尾部成直边三角状；Ⅲ式龙纹尾部线条细密且加刻卷云线。

　　E 型，由小"⌣"形组成的单龙结构，可分两式。Ⅰ式为单体"C"形结构铸造龙纹；Ⅱ式为遨游形态龙纹，且为錾刻形成。

　　乙类变形龙纹多呈"Z"字形，可分两式，Ⅰ式"Z"字形较宽、相连、有尾；Ⅱ式"Z"字形较窄、不相连（表二）。

（三）蟠虺／螭纹

　　蟠虺／螭纹整体纹饰构图结构同窃曲纹和龙纹，根据构图元素大概可分四型，A 型单独"S"形单元构图元素，B 型两条"S"形蛇纹交叉形成的"x"形构图元素，C 型数条蛇纹缠绕交构图元素，D 型数条蛇纹缠绕成团。其中 A 型和 D 型并无式的区分。

　　B 型根据纹饰样式变化，可分两式，Ⅰ式"x"形转折较直方；Ⅱ式"x"形转折较弧圆。

　　C 型根据纹饰样式变化，可分两式，Ⅰ式为卷曲线纹对称交错缠绕的样式；Ⅱ式为细点、勾线和圆点等元素缠绕组合而成的繁缛样式（表三）。

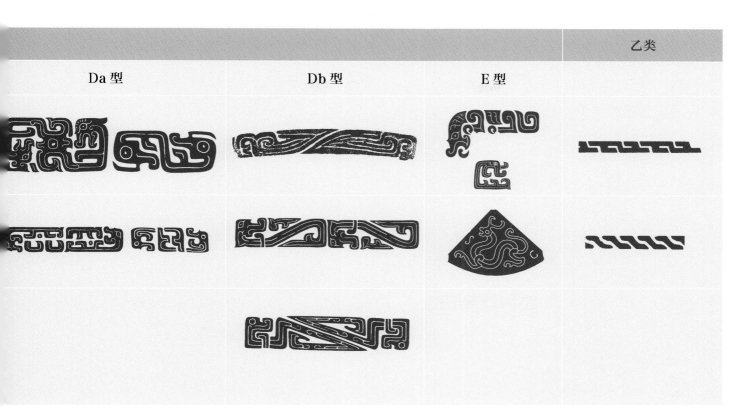

	Da 型	Db 型	E 型	乙类

表三　蟠虺／螭纹型式分析

	A 型	B 型	C 型	D 型
I				
II				

（四）垂鳞纹

垂鳞纹根据形制可以分为两型，每型可分为四式。

A型"U"形垂鳞纹。I式"U"形呈敞口的倒梯形、敞口内部呈三角形；II式倒梯形敞口变窄、下部圆弧；III式倒梯形敞口较直接近"U"形；IV式直口"U"形、瘦长。

B型"U"形内壁有弧勾和填充竖线的垂鳞纹。I式"U"形内壁弧勾线较长且向下、下部近直方；II式"U"形内壁弧勾线横向较短、中部填充竖线、下部圆弧；III式"U"形内壁弧勾线向上曲翘；IV式"U"形演变为近椭圆形（表四）。

表四 垂鳞纹型式分析

	A型	B型
I		
II		
III		
IV		

（五）环带纹

环带纹根据形制特征可以分为两型，每型可分为四式。

A型，环带中间填充云纹。I式纹饰较宽矮、填充小的"C"形龙纹；II式纹饰开始瘦长、填充纹饰多一组"心"形元素；III式波浪纹饰进一步接近钮钟形，填充纹饰进一步增加一组龙纹、转折处直弯；IV式波浪为钮钟形态，填充纹饰恢复为I式样式。

B型，环带仅凸出下填充纹饰，其余空白或刻铸铭文。I式纹饰较圆弧、宽矮、填充窃曲纹；II式纹饰较直方、瘦长，近甬钟形态、填充"心"形元素和"C"形窃曲纹；III式纹饰瘦长，填充"回"形元素和"C"形窃曲纹；IV式填充"C"形窃曲纹演变为"∈"形（表五）。

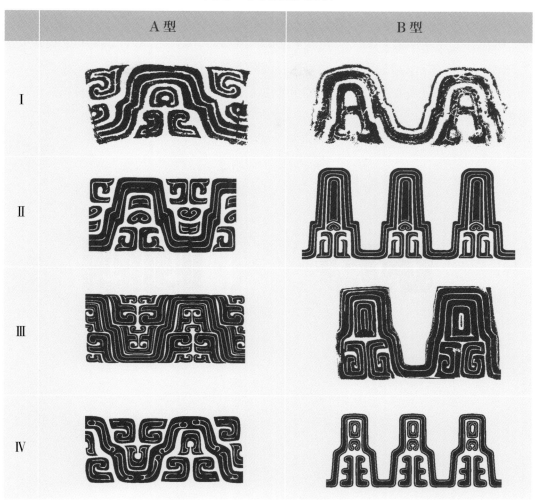

（六）三角云纹

　　三角云纹可分为三式。Ⅰ式直边三角形，内部填充一行勾云纹和一组三角纹线条；Ⅱ式三角云纹内部二行勾云纹和一组"山"字线条纹；Ⅲ式弧边三角形，内部填充龙纹和一组"山"字线条纹（表六）。

表六　三角云纹型式分析

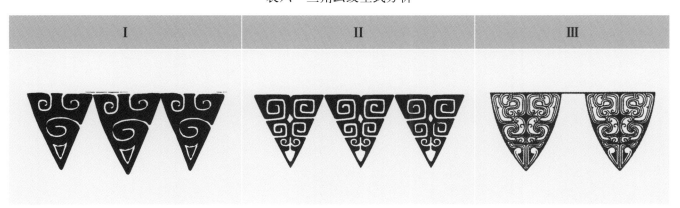

二　分期

曾国墓葬按着墓葬规模和铜鼎的数量可以分为三类：带墓道的"七鼎"或"七鼎"以上的墓为大型墓葬；墓葬面积较大的出土"五鼎""三鼎"的墓为中型墓葬；墓葬面积较小的"一鼎"或只有一件铜器的墓为小型墓葬。本文则以大中型墓葬等典型单位的典型纹饰演变、共存序列作为分期的主要依据。铜器纹饰可以分为四期五段。

第一期以苏家垄"游父"铜器群纹饰、郭家庙 GM21、GM17 等大型墓葬铜器纹饰和郭家庙 GM1、CM22、CM43 等中小型墓葬铜器纹饰为代表。该期较为常见窃曲纹、龙纹、环带纹、重环纹、垂鳞纹、瓦楞纹等纹饰。窃曲纹线条较细长，整体结构较连贯、平滑，流行中心对称或者旋转对称，或带目的两个"⌣"形单元连续结构和或带目的单个"⌣"形连续并列结构图形，还较为常见或带目的横"S"形窃曲纹。龙纹多带冠或吐舌，多为顾首龙纹，少量为团龙或蟠龙纹。变形龙纹多呈"Z"字形。垂鳞纹多为敞口的倒梯形，敞口内部呈三角形。

第二期以郭家庙 CM1、CM2、苏家垄 M79、M88、枣树林 M190、M191 等大中型墓葬铜器纹饰为代表。该期纹饰大致可分两段，早段以苏家垄 M79、M88 为代表，晚段以枣树林 M190、M191 为代表。该期纹饰变化最明显的是窃曲纹开始发生构图变化，龙纹大量流行并逐步演化为蟠虺/螭纹。早段多见龙纹、窃曲纹、环带纹和垂鳞纹，晚段则新见蟠虺/螭纹、三角云纹。两个"⌣"形单元组成的窃曲纹或顾首龙纹尾部变化为由两个单独小的"⌣"单元构成。较第一期而言，龙纹风格简易化，纹饰线条逐步变细，种类多样，新出交错龙纹，两条龙纹龙首对称分布、龙尾缠绕，或数条龙纹龙尾相互缠绕等纹样。由窃曲纹和龙纹演化而来的蟠虺/蟠螭纹构图结构与窃曲纹或龙纹基本相同。垂鳞纹下部变圆弧，敞口变小。

第三期以枣树林 M168、M169、M129 等大型墓葬，枣树林 M81、M110 中型墓葬和苏家垄 M85 等小型墓葬铜器纹饰为代表。该期窃曲纹数量减少，龙纹少见，蟠虺/螭纹大量流行。蟠虺/螭纹纹饰结构多样，有单独"C"形单元的、两条蛇纹交叉的"S"形和"x"形、缠绕交错状等。垂鳞纹变为直口，显瘦长。环带纹较瘦长，转折处直弯。三角云纹内填充二行勾纹。

第四期以文峰塔 M4、M1、M2 大型墓铜器纹饰，文峰塔 M6、M33、M35 等中型墓葬铜器纹饰和东风油库 M1、M2、M3 等小型墓葬铜器纹饰为代表。该期纹饰风格大变，多见阳雕或镂空工艺纹饰，风格繁缛。主要流行素面或蟠虺/螭纹，还有零星的垂鳞纹、龙纹和环带纹，新出旋涡纹、錾刻龙纹和几何纹等纹饰。蟠虺/螭纹既有前期两条蛇纹缠绕的"x"形、单条蛇纹的"S"形等构图，更多见交错缠绕的构图，新流行细点、勾线和圆点等元素缠绕组合而成的繁缛样式，多见于鼎、方壶、簋等腹部和其他器物的耳或盖部。錾刻龙纹为写实的龙纹，呈飞翔奔腾状。

三　纹饰文化因素分析

纹饰是一个地区社会文化风俗的艺术反映，上文纹饰的演变揭示了曾国纹饰从周文化风俗向楚文化风俗转化的过程和节点。

在第一期时，不同等级墓葬的铜器纹饰基本一致。这些纹饰也常见于陕西刘家洼墓地 [13]、河南三门峡虢国墓地 [14] 等中原地区墓葬铜器纹饰中，表现了曾国社会文化风俗基本与中央腹地文化风俗相同。

在第二期早段时，以窃曲纹、龙纹为代表的纹饰发生质的演变，开始出现分解式窃曲纹和龙纹，在晚段时出现蟠虺／螭纹、三角云纹。二期纹饰总的特点是曾国铜器纹饰既在坚持中央腹地的纹饰传统，又在变化中采用新的纹饰因素，新的变化是在窃曲纹和龙纹的基础上进行改革。这种纹饰的变化揭示了此时曾国社会风俗发生变化，在旧风俗中孕育新的风俗。结合该期墓葬墓主身份，可以表明楚国女子嫁入曾国贵族的不止一人。曾楚联姻使得曾国开始涌入楚文化的风俗。楚文化的冲击可能是该期曾国铜器纹饰和社会风俗发生变革的主要原因。

经历第二期纹饰的变革，在第三期时，曾国铜器纹饰相对固定，大量流行与楚文化纹饰相同的蟠虺／螭纹。在墓葬墓主身份上同样反映出，大量的楚国女子嫁入曾国。在这样的背景下，楚文化因素进一步深入到曾国铜器纹饰中，也使得该时期曾国的社会文化风俗主要偏向楚文化，而与中原地区的文化风俗渐行渐远。

在第四期时，随着整个东周社会风俗大变革，曾国在这种背景下开始流行浮雕、錾刻等纹饰工艺。工艺的改进反映在纹饰上，则纹饰少见以往简单略粗放的纹饰，多见素面或细密繁缛的蟠虺／螭纹，较晚时期还流行奔腾的龙纹，这些也与楚国铜器纹饰一致。虽见有少量固有传统纹饰的残留，但大量铜器纹饰已经楚式化。楚文化因素已超过周文化因素，即学者所总结的"楚文化体系之下的青铜器"或"左右楚王"阶段 [15]。

四　结语

春秋时期曾国铜器纹饰从以周文化因素为主，经过周、楚文化的主次转换，演变为以楚文化因素为主，残留有周文化传统。这一系列的转换过程，从出土铭文与传世文献看，与剧烈的曾楚冲突与曾楚联姻密切相关。出土铭文材料证实二期早段曾伯霖夫人为楚国女性芈克（苏家垄 M88 墓主）、二期晚段曾公畔夫人为楚国女性芈渔（枣树林 M191 墓主）、三期曾侯宝夫人为楚国女性芈加（枣树林 M169）。一期郭家庙墓地还曾采集"曾侯作季芈汤"鼎，说明在该地区还存在一次曾楚联姻。四位楚国女子在春秋时期曾国铜器分期年代中是前后衔接的。且四位人物几乎可以与传世文献曾楚关系的记载是可以印证的曾楚每次对抗及其后的联姻结盟，使楚文化因素一步步深入曾国铜器纹饰中，并进一步引起曾国社会文化风俗的变革。

13　陕西省考古研究院、渭南市博物馆等：《陕西澄城刘家洼芮国遗址东I区墓地M6发掘简报》，《考古与文物》2019年第2期。陕西省考古研究院、渭南市博物馆等：《陕西澄城刘家洼芮国遗址东I区墓地M49发掘简报》，《文物》2019年第7期。

14　河南省文物考古研究所、三门峡市文物工作队：《三门峡虢国墓》，文物出版社，1999年。中国科学院考古研究所：《上村岭虢国墓地》，科学出版社，1959年。

15　张昌平：《曾国青铜器研究》，文物出版社，2009年。方勤：《曾国历史与文化——从"左右文武"到"左右楚王"》，上海古籍出版社，2019年。

曾国夫妻合葬墓
初步研究

陈　虎　王玉杰

　　曾国地处于随枣走廊一带，是一个不见于文献记载的方国，早在宋代就见有记载曾国信息的"安陆六器"[1]，1978年曾侯乙墓的发掘，使曾国考古进入了大众视野，21世纪后，大批曾国考古材料的不断出现，进一步推动了曾国历史与文化的研究。本文以发现夫妻合葬墓的曾国墓地为线索，探讨不同时期曾国夫妻合葬墓的特点，并分析其社会背景。

一　曾国夫妻合葬墓

（一）叶家山墓地

　　叶家山墓地位于湖北省随州市东北部约20千米的淅河镇蒋寨村，墓地位于一处南北走向的岗地上，2011年和2013年叶家山墓地两次发掘墓葬140座（图一），出土的许多青铜器上有曾或曾侯铭文。

1.M65与M2

　　M65位于叶家山墓地中部，东西长5.02米，南北宽3.5～3.62米，一椁两棺，葬式为仰身直肢，头朝东。随葬器物有铜器、陶器、玉器、漆木器和原始瓷器，铜礼器有方鼎1件、圆鼎6件、甗1件、鬲1件、簋4件、爵2件、觯1件、尊1件、卣1件、壶1件、盉1件、盘1件，另出有半环形钺等礼仪兵器及车马器，曾侯谏是唯一反复出现的作器者铭文，其墓主应与曾侯谏有密切关系[2]。

　　M2位于叶家山墓地东北部，M65东约10米处，墓口东西长4.6米，南北宽3.1米，一棺一椁，葬式为仰身直肢，头向东。随葬器物有铜器、原始瓷器、陶器、漆木器和玉器等，铜礼器有圆鼎5件、甗1件、鬲1件、簋2件。M2出土有较多的原始瓷器且未见兵器，应为女性墓[3]。

2.M28与M27

　　M28位于叶家山墓地中部，分为墓道和墓室两部分，全长10.3米，墓室东西长7.2米，南北宽5.7～6米，一棺一椁，葬式为仰身直肢，头向东。随葬器物有铜器、陶器、原始瓷器、玉石器、漆木器等，铜礼器有方鼎3件、圆鼎2件、分档鼎2件、簋4件、鬲1件、甗1件、

1　赵明诚：《金石录》，齐鲁书社，2009年。
2　湖北省文物考古研究所等：《湖北随州叶家山M65发掘简报》，《江汉考古》2011年第3期。
3　湖北省文物考古研究所等：《湖北随州叶家山西周墓地发掘简报》，《文物》2011年第11期。

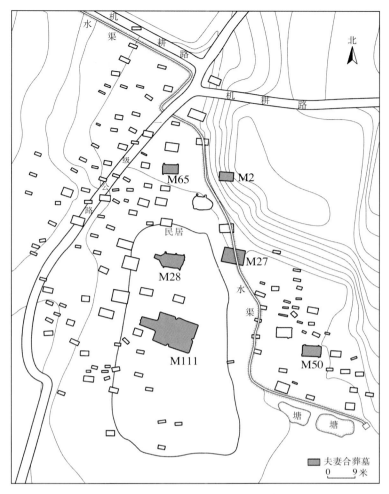

图一　叶家山墓地夫妻合葬墓分布图

匕 1 件、卣 2 件、尊 2 件、盉 1 件、爵 2 件、瓿 1 件、觯 1 件、棒形器 1 件、罍 1 件、盘 1 件、壶 1 件，另有兵器和车马器等。M28 出有曾侯谏自作器较多，墓主当与曾侯谏有密切关系[4]。

M27 位于叶家山墓地中东部，M28 东 12 米处，墓口东西长 6.7～6.8 米，南北宽 4.9～4.95 米，一棺一椁，葬式为仰身直肢，头向东。随葬器物有铜器、陶器、漆木器、原始瓷器、玉器等，铜礼器有方鼎 2 件、圆鼎 3 件、甗 1 件、鬲 2 件、簋 4 件、爵 2 件、瓿 1 件、觯 4 件、尊 1 件、卣 1 件、壶 1 件、罍 2 件、觥 1 件、盉 1 件、盘 1 件，另出土有较多的原始瓷器和玉器，应为女性墓[5]。

3.M111 与 M50

M111 位于叶家山墓地中南部，东西长 13.08～13.48 米，南北宽 10.1～10.28 米，一棺一椁，葬式为仰身直肢，头向东。该墓发掘报告尚未发表，从已知信息来看，出土了大批青铜礼器，目前可见的有鼎 5 件、甗 1 件、簋 2 件、斝 1 件、瓿 1 件、卣 1 件、壶 1 件、盘 1 件、罍 2 件、编钟 5 件，其中出土铜簋上有铭文"曾侯犺作宝障彝"，由此推测该墓墓主可能是曾侯犺[6]。

4 湖北省文物考古研究所等：《湖北随州叶家山 M28 发掘报告》，《江汉考古》2013 年第 4 期。
5 湖北省文物考古研究所等：《湖北随州叶家山西周墓地发掘简报》，《文物》2011 年第 11 期。
6 湖北省博物馆等：《随州叶家山西周早期曾国墓地》，文物出版社，2013 年。

M50 位于叶家山墓地东南部，M111 东约 35 米处，东西长 6.02 米，南北宽 3.9 米，一棺一椁。随葬器物有铜器、陶器、原始瓷器、玉器和漆木器等，铜礼器有方鼎 2 件、簋 2 件、甗 1 件、尊 1 件、觯 2 件、卣 2 件、爵 1 件。随葬器物多见原始瓷器和玉器，有倾向于女性墓的特征[7]。

（二）郭家庙墓地

郭家庙墓地位于湖北省枣阳市吴店镇，分为郭家庙和曹门湾两个墓区，2002 年发掘墓葬 25 座，2014、2015 年发掘墓葬 110 座，发掘显示郭家庙墓地为两周之际的曾国公共墓地。

1.M1 与 M2

M1 位于曹门湾墓区偏北，墓室长 11 米，宽 8.5 米，一椁两棺。该墓被盗扰，随葬器物见有编钟架、磬、鼓、瑟、罇、木弓以及大量的金属饰件。从随葬器物来看，M1 应为男性墓[8]。

M2 位于曹门湾墓区东北部，M1 东南部，墓葬形制与 M1 相近。墓坑全长 22 米，宽 6.5 米。出土了大量的玉器及陶器，陶器中有一对曲柄盉，与黄国等淮河流域国家的同类器形似，应是陪嫁的媵器[9]（图二）。

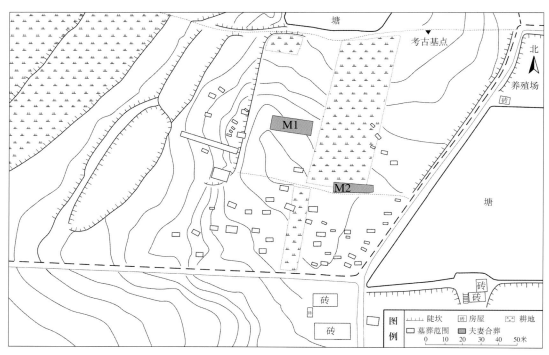

图二　郭家庙墓地曹门湾墓区夫妻合葬墓分布图

2.M21 与 M52[10]

M21 位于郭家庙墓台地最高处，全长 18.6 米，墓口东西长与最大宽度都在 11 米左右，一椁两棺。该墓早期被盗扰，出土的随葬器物有铃钟、矛、戈、钺、镞等，铜钺上有铭文"曾伯陭"，该墓墓主应为曾伯陭。

7　湖北省博物馆等：《随州叶家山西周早期曾国墓地》，文物出版社，2013 年。

8　方勤、胡刚：《枣阳郭家庙曾国墓地曹门湾墓区考古主要收获》，《江汉考古》2015 年第 3 期。

9　方勤：《郭家庙曾国墓地发掘与音乐考古》，《音乐考古》2016 年第 5 期。

10　方勤：《郭家庙曾国墓地发掘与音乐考古》，《音乐考古》2016 年第 5 期。

M52位于M21北部，因资料未发表，目前仅知M52一棺一椁，出土铜翣6件，规模与诸侯夫人相当，应为曾伯陭夫人墓。

3. M60与M50[11]

M60位于郭家庙墓地最高处的岗地上，长21米，宽8米，深8米。墓葬被盗，仅残存矛、罐、车马器等铜器，以及散落的玛瑙珠等少量遗物。

M50位于M60南约20米，长约9米，宽7米，深超过6米，仅残存铜鼎耳部等残件。

4. M55与M56[12]

M55位于郭家庙墓地南部，M56东部，墓葬被盗，仅残存兵器。

M56位于郭家庙墓地南部，是一座中型偏大的墓葬，保存较好。出土铜壶2件、盘1件、匜1件，不见兵器。

（三）苏家垄墓地

苏家垄墓地位于湖北省荆门市京山县坪坝镇苏家垄村四、五组，1966年修建水渠时发现"曾仲斿父"青铜器群共97件[13]，2015～2017年清理墓葬101座（图三）。

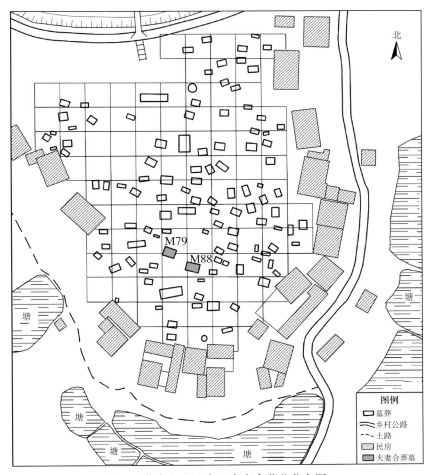

图三　苏家垄墓地南区夫妻合葬墓分布图

11　方勤：《郭家庙曾国墓地发掘与音乐考古》，《音乐考古》2016年第5期。方勤：《郭家庙曾国墓地的性质》，《江汉考古》2016年第5期。上述M60长14米，宽11米，深8.5米。

12　方勤：《郭家庙曾国墓地发掘与音乐考古》，《音乐考古》2016年第5期。

13　湖北省博物馆：《湖北京山发现曾国铜器》，《文物》1972年第2期。

M79 与 M88[14]

M79 位于墓地中南部，东西长 5.1 米，南北宽 3.9 米。墓葬出土铜器有鼎 8 件、鬲 4 件、甗 1 件、簠 4 件、簋 4 件、壶 2 件、盘 1 件、匜 1 件，另有较多的铜兵器，其中多件铜器上有铭文"曾伯桼"，该墓墓主应为曾伯桼。

M88 位于墓地中南部，M79 东南约 6 米处，与 M79 规模相似。墓葬出土铜器有鼎 3 件、鬲 5 件、甗 1 件、簠 4 件、壶 2 件、盘 1 件、匜 1 件，随葬品不见兵器而多见玉器，另外在随葬的鼎中清理出了一枚铜镜。M88 铜簠上有铭文"陔夫人芈克"，且曾伯桼的铭文壶出于该墓中，证明了 M88 为 M79 曾伯桼夫人墓。

（四）义地岗墓群

义地岗墓群位于湖北省随州市曾都区东城办事处文峰社区，从 20 世纪 70 年代开始，陆续在义地岗范围内发现曾国墓葬及铜器，2012 年文峰塔墓地发掘墓葬 54 座，2017～2018 年汉东东路墓地发掘墓葬 32 座，2018～2019 年枣树林墓地发掘墓葬 54 座（图四）。

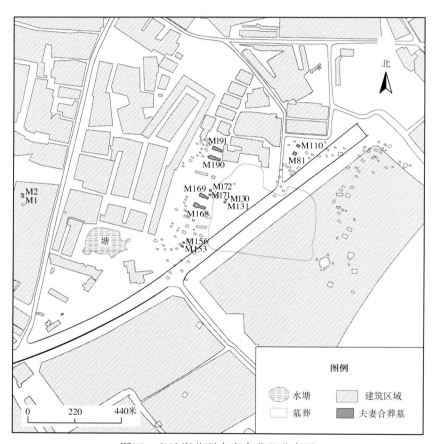

图四　义地岗墓群夫妻合葬墓分布图

1.M1 与 M2[15]（1994 年发掘）

M1 位于义地岗墓群西南部，东西长 3.7 米，南北宽 2.3 米，一棺一椁。出土铜器有匜 1 件、盘 1 件、鼎 1 件、簋 2 件、壶 1 件、戈 1 件、镞 4 件，器物上有铭文"曾少宰黄仲酉"，墓主应为曾国少宰。

14　方勤等：《湖北京山苏家垄遗址考古收获》，《江汉考古》2017年第6期。本文所用苏家垄资料均来源于此。

15　湖北省文物考古研究所等：《湖北随州义地岗墓地曾国墓1994年发掘简报》，《文物》2008年第2期。

M2位于M1北约2米，东西长3.75米，南北宽2.4米，一棺一椁。出土铜器有匜1件、盘1件、鼎1件、簋1件、壶1件，另见有较多玉器，铜器上有铭文"可之行"，其墓主应为可。

2.M81与M110[16]

M81位于汉东东路墓地东北，东西长5.9米，南北宽5米，一椁两棺。出土铜器有鼎5件、簋4件、鬲4件、壶2件、簠2件、纽钟9件、戈4件、矛3件，铜器上均有铭文"曾叔孙湛"，其墓主为曾叔孙湛。

M110位于M81北6米处，东西长5.1米，南北宽3.8米，一椁两棺。出土铜器有鼎5件、鬲4件、簋4件、壶2件、簠2件、瓿2件，见有较多玉器，器物上多见"湛作季嬴"铭文，说明M110墓主为曾叔孙湛夫人。

3.M130与M131[17]

M130位于枣树林墓地东部，东西长3.6米，南北宽2.66～2.7米，一棺一椁。出土铜器有鼎1件、盏1件、戈1件、匕首1件，另见有陶器、玉器。铜戈上有铭文"中毋舀之戈"，其墓主应为中毋舀。

M131位于M130北约4.35米，东西长3.08米，南北宽1.68～1.7米，一棺一椁。出土随葬器物均为陶器，其中鼎1件、壶1件、豆1件、盂1件。

4.M153与M156

M153位于枣树林墓地南部，东西长，南北宽，一棺一椁。出土铜器有鼎1件、壶2件、簋2件、甗1件、盘1件、匜1件、戈1件，墓内少见玉器，墓主应为男性。

M156位于M153北约2米，东西长，南北宽，一棺一椁。出土铜器有鼎1件、盏1件，见有玉器和陶器若干，墓主应为女性。

5.M168与M169

M168位于枣树林墓地中部，全长17.7米，墓室东西长6.7米，南北宽5.7米，一棺一椁。墓葬早期被盗，出土铜器有编钟15件、鼎1件、簋2件、簠2件、鬲1件、缶2件、铜甲1件、铜戟1件，编钟、鼎等器物上均有铭文"曾侯宝"，该墓墓主应为曾侯宝。

M169位于M168北约11米，全长14.3米，墓室东西长6.4米，南北宽5.4米，一棺一椁。墓葬早期被盗，出土铜器有编钟19件、缶1件、盘1件、匜1件，编钟及缶上有铭文"随仲芈加"，该墓墓主应为芈加[18]。

6.M171与M172

M171位于枣树林墓地中部偏东，东西长3.7米，南北宽2.4米，一棺一椁。出土铜器有鼎2件、簋2件、盘1件、匜1件、戈1件，随葬品少见玉器，墓主应为男性[19]。

M172位于M171北约2米，东西长3.98米，南北宽3.1～3.4米，一棺一椁。出土铜器有鼎1件、盏1件、盘1件、匜1件，墓中见有较多玉器及陶器，墓主应为女性。

7.M190与M191[20]

M190位于枣树林墓地北部，残长22.6米，墓室东西长8米，南北宽约5.8～6.8米，

16　湖北省文物考古研究所等：《湖北随州枣树林墓地81与110号墓发掘》，《考古学报》2021年第1期。

17　M130、M131、M153、M156及M172资料来源于湖北省文物考古研究院内部材料。

18　湖北省文物考古研究所等：《湖北随州枣树林墓地2019年发掘收获》，《江汉考古》2019年第3期。

19　湖北省文物考古研究所等：《湖北随州市枣树林春秋曾国贵族墓地》，《考古》2020年第7期。

20　湖北省文物考古研究所等：《湖北随州市枣树林春秋曾国贵族墓地》，《考古》2020年第7期。

一椁两棺。墓葬早期被盗，出土铜器有编钟34件、鼎5件、壶4件、簠1件、盘1件、匜1件，以及编钟架、编磬架、漆木盾、漆木豆、玉器等。编钟、鼎、壶上有铭文"曾公球"，其墓主应为曾公球。

M191位于M190北约10米，墓室东西长7.4米，南北宽5.28米，一椁两棺。墓葬早期被盗，但礼器保存完好，随葬铜器有鼎5件、簋4件、鬲5件、簠4件、壶2件、盘1件、匜1件，另见有漆木器、滑石饰品及较多的玉器。壶、鬲、簠上有铭文"曾夫人渔"，其墓主应为渔（表一）。

表一 曾国夫妻合葬墓统计表

时代	墓地及墓号	性别	墓主	墓葬排列	墓室规格	葬具	随葬器物	备注
西周早期	叶家山M65	男	曾侯	M2西部	5.02米×3.62米	一椁两棺	方鼎1、圆鼎6、甗1、鬲1、簋4、爵2、觯1、尊1、卣1、壶1、盉1、盘1，另有半环形钺等礼仪兵器及车马器	
	叶家山M2	女	媿姓曾侯夫人	M65东部	4.6米×3.1米	一椁一棺	圆鼎5、甗1、鬲1、簋2，另有较多原始瓷器、玉器	
	叶家山M28	男	曾侯	M27西部	7.2米×6米	一椁一棺	方鼎3、圆鼎2、分裆鼎2、簋4、鬲1、甗1、匕1、卣2、尊2、盉1、爵2、瓿1、觯1、棒形器1、罍1、盘1、壶1，另有兵器和车马器	
	叶家山M27	女	曾侯夫人	M28东部	6.8米×4.95米	一椁一棺	方鼎2、圆鼎3、甗1、鬲2、簋4、爵2、瓿1、觯4、尊1、卣1、壶1、罍2、觥1、盉1、盘1，另出土有较多的原始瓷器和玉器	
	叶家山M111	男	曾侯犺	M50西部	13.48米×10.28米	一椁一棺	目前可见的有鼎5、甗1、簋2、斝1、瓿1、卣1、壶1、盘1、罍2、编钟5	
	叶家山M50	女	曾侯夫人	M111东部	6.02米×3.9米	一椁一棺	方鼎2、簋2、甗1、尊1、觯2、卣2、爵1，另多见原始瓷器和玉器	
西周晚期至春秋早期	曹门湾M1	男		M2西北部	11米×8.5米	一椁两棺	编钟架、磬、鼓、瑟、缯、木弓以及大量的金属饰件	被盗
	曹门湾M2	女		M1东南部	宽6.5米		大量的玉器及陶器	
	郭家庙M21	男	曾伯陭	M52南部	11米×11米	一椁两棺	铃钟、矛、戈、钺、镞等	被盗
	郭家庙M52	女		M21北部	不详	一椁一棺	铜翣6	

时代	墓地及墓号	性别	墓主	墓葬排列	墓室规格	葬具	随葬器物	备注
西周晚期至春秋早期	郭家庙 M60	男		M50 北部	11 米 ×8 米		矛、罐、车马器等铜器以及散落的玛瑙珠	被盗
	郭家庙 M50	女		M60 南部	9 米 ×7 米		鼎耳	被盗
	郭家庙 M55	男		M55 东部	不详		残存兵器	被盗
	郭家庙 M56	女	曾嬴戚	M56 西部	中型偏大		壶 2、盘 1、匜 1	
	苏家垄 M79	男	曾伯桼	M88 西北部	5.1 米 ×3.9 米	一椁一棺	鼎 8、鬲 4、甗 1、簋 4、簠 4、壶 2、盘 1、匜 1，另有较多的铜兵器	
	苏家垄 M88	女	芈克	M79 东南部	与 M79 相当	一椁一棺	鼎 3、鬲 5、甗 1、簋 4、壶 2、盘 1、匜 1、铜镜 1，见有较多玉器	
春秋中晚期	义地岗 M1	男	曾少宰黄仲酉	M2 南部	3.7 米 ×2.3 米	一椁一棺	匜 1、盘 1、鼎 1、簋 2、壶 1、戈 1、镞 4	
	义地岗 M2	女	可	M1 北部	3.75 米 ×2.4 米	一椁一棺	匜 1、盘 1、鼎 1、簋 1、壶 1，另见有较多玉器	
	汉东东路 M81	男	曾叔孙湛	M110 南部	5.9 米 ×5 米	一椁两棺	鼎 5、簋 4、鬲 4、壶 2、簠 2、纽钟 9、戈 4、矛 3，另有车马器若干	
	汉东东路 M110	女	季嬴	M81 北部	5.1 米 ×3.8 米	一椁两棺	鼎 5、鬲 4、簋 4、壶 2、簠 2、瓵 2	
	枣树林 M130	男	中毌舀	M131 南	3.6 米 ×2.7 米	一棺一椁	鼎 1、盏 1、戈 1、匕首 1	
	枣树林 M131	女		M130 北	3.08 米 ×1.7 米	一棺一椁	均为陶器	
	枣树林 M153	男		M156 南部	3.6 米 ×2.56 米	一椁一棺	鼎 1、壶 2、簋 1、甗 1、盘 1、匜 1、戈 1	
	枣树林 M156	女		M153 北部	3.4 米 ×2.3 米	一椁一棺	鼎 1、盏 1，见有玉器和陶器若干	
	枣树林 M168	男	曾侯宝	M169 南部	6.7 米 ×5.7 米	一椁一棺	编钟 15、鼎 1、簋 2、簠 2、鬲 1、缶 2、铜甲片 1、铜戟 1	被盗
	枣树林 M169	女	芈加	M168 北部	6.4 米 ×5.4 米	一椁一棺	编钟 19、缶 1、盘 1、匜 1	被盗

时代	墓地及墓号	性别	墓主	墓葬排列	墓室规格	葬具	随葬器物	备注
春秋中晚期	枣树林M171	男		M171南部	3.7米×2.4米	一椁一棺	鼎2、簋2、盘1、匜1、戈1	
	枣树林M172	女		M171北部	3.98米×3.1~3.4米	一椁一棺	鼎1、盏1、盘1、匜1	
	枣树林M190	男	曾公畎	M191南部	8米×5.8~6.8米	一椁两棺	编钟34、鼎5、壶4、簋1、盘1、匜1、编钟架、漆木器等	被盗
	枣树林M191	女	芈渔	M190北部	7.4米×5.28米	一椁两棺	鼎5、簋4、鬲5、壶2、盘1、匜1，见较多玉器	被盗

注：器物后标数字为件数

二　不同时期曾国夫妇合葬墓的特点

西周早期的叶家山墓地发现的三组夫妻合葬墓均为东西并列，男性墓在西，女性墓在东，男性墓的规模都大于女性墓。在随葬器物方面，男性墓多于女性墓，但在部分合葬墓中女性墓的随葬品和男性墓相差无几；男性墓一般随葬有兵器及车马器，女性墓随葬有较多的原始瓷器和玉器。

西周晚期到春秋早期阶段，郭家庙墓地夫妻合葬墓的排列并不统一，有斜对角分布（M1与M2），有南北分布（M21与M52），另有东西分布（M55与M56）；男性墓的规模大于女性墓，从出土器物上看，男性墓随葬常见兵器、车马器，女性墓则多见玉器及陶器。目前苏家垄墓地公布的资料较少，只确认M79与M88一对夫妻合葬墓，从两座墓的位置及随葬器物看，男性墓位于女性墓西北，随葬铜器多于女性墓，男性墓内随葬有铜兵器，女性墓内多见玉器。

春秋中晚期曾国夫妻合葬墓主要发现在义地岗墓群，这个时期夫妻合葬墓比较有规律，均为男性墓在南，女性墓在北，男性墓规模大于女性墓。男性墓内一般见有较多的铜礼器，另随葬有兵器、车马器和玉器，女性墓内随葬铜礼器较男性墓少，不见兵器，一般见有较多玉器和陶器。

三　社会背景分析

西周中晚期开始的礼制改革涉及社会的各个方面，其中表现最为突出的是随葬礼器器物类型和组合的变化。曾国作为汉阳诸姬之首——周王朝分封"赐之用钺，用政南方"[21]的姬姓诸侯国，在丧葬习俗方面完全跟随了周王朝改革的脚步，不仅体现在随葬器物组合

21　郭长江等：《曾公畎编钟铭文初步释读》，《江汉考古》2020年第1期。

及类型上，其中夫妻合葬墓排列顺序从西周早期的东西向分布，到西周晚期——春秋早期的斜对角、东西及南北分布，再到春秋中晚期的一致南北向分布，这种合葬墓排列布局上的变化从一个侧面体现了西周中晚期礼制改革的进程。

自春秋中期始，曾国开始了从"左右文武"到"左右楚王"的转变，在这一转变的历史进程中，体现在丧葬习俗方面的主要有两点，一是墓葬方向的改变，整个公墓地的墓葬排列布局更加严谨和规律，夫妻合葬墓的布局不同于早期无规律的墓位安排，一致为南北分布，且男性墓居女性墓南部，与同时期的淅川下寺 M8、M7[22] 夫妻合葬墓特征一致。二是随葬器物的变化，随葬器物的整体风格与同时期的楚墓展现出强烈的一致性。墓葬中新见有典型楚式器——铜缶，随葬器物组合方面，大中型墓葬铜礼器组合新增铜簠及缶，中小型墓葬铜礼器组合新增铜盏。

曾国高等级贵族墓葬中随葬乐器是较为普遍的现象，从表一中可以看出，西周早期——春秋早期的曾国夫妻合葬墓随葬乐器是男性的特权，到了春秋中期乐器开始出现在了女性墓中。枣树林墓地 M169 芈加墓出土钮钟 19 件，其中不排除芈加地位特殊的原因（芈加为楚国女子，作为氏族联盟的纽带嫁入曾国；另外芈加钮钟铭文上说"龔兄（龔）公早陟……余 [爲妇] 爲夫……"[23]，其在一段时期之内代掌曾国大权），是否也可以说明通过西周晚期开始的礼制改革，先前明显存在的女性墓不得随葬编钟的禁令解除。

在另外一个方面，随着改革的进行，宗法制度的加强，礼制对女性墓葬随葬器物数量及规格的要求愈发严格。叶家山西周早期曾国墓地中有个别女性墓（M27）的随葬器物与男性墓相差无几。到了西周晚期及以后，曾国墓地的夫妻合葬墓中女性墓墓葬规模较男性墓小，随葬器物明显较男性墓少，且用器规格较男性低一个级别。

四 结语

曾国夫妻合葬的形式目前仅见异穴合葬，西周早期到春秋中晚期的曾国夫妇合葬墓在墓向排列上，经历了东西向排列到斜对角、南北等无规律排列，再到春秋中期以后的一致南北向排列。墓葬规模男性墓一般大于女性墓，也存在夫妇双方墓葬规模相当的情况，葬具基本是男女规格相当。在随葬器物方面，男性墓随葬的礼器普遍要多于女性墓，男性墓随葬器物规格较女性墓高出一个等级，但是并不排除个别女性身份特殊，从而在随葬品方面与男性相当。随葬品的种类上，男性墓常见有兵器及较多的车马器，而女性墓不见兵器，偶见车马器，通常随葬有较多的玉器及陶器。

---

22 河南省文物研究所等：《淅川下寺春秋楚墓》，文物出版社，1991年。

23 湖北省文物考古研究所等：《嬭加编钟铭文的初步释读》，《江汉考古》2019年第3期。

第一单元

左右文武
第二单元
以藩屏周

一
曾
侯
墓

曾侯谏铜簋

西周早期

2011 年湖北省随州市叶家山墓地 M65 出土

簋：高 17.5 厘米，口径 22.4 厘米，圈足径 18.1 厘米，重 3530 克

匕：长 29.2 厘米，宽 5.4 厘米，重 185 克

簋圆口外侈，方唇，斜沿，颈略束，下腹略鼓，圆平底，筒状高圈足略外撇，切地面折成台阶。器两侧有两个对称的兽首形半环耳，长方形垂珥，耳中空，环耳上的兽颈衔接器颈，下端连接器腹。器两耳上部浮雕大兽首，角两侧阴勒卷云纹，细线方菱额。兽体环形耳正面有两道竖向细直纹，两侧沿环状排列三组阴线云雷纹；垂珥两面有一组阴线变形云雷纹。颈部饰一周窄条兽纹带，以两耳为界分为两组。每组以浮雕兽首龙纹居中，两边各饰两个尾相背的展体龙纹；浮雕兽角上翘内卷，兽角、耳、鼻和躯体皆呈简化细线云雷状，尾上翘卷勾，躯干上饰列旗纹，躯体下之足爪皆作细云雷纹。腹颈交界处饰一周凸弦纹。圈足饰一周窄条兽纹带，分为四组。每组以短扉棱形兽鼻居中，两边各饰一个单目细线云纹带，组成双体共兽首纹。器颈内壁有铭文二行六字，阴文，为"（曾）侯谏作宝彝"。

簋内附匕呈两端上翘的弧边条形状，前端尖利，长椭圆形浅凹槽勺；扁平状长柄上翘，前端略宽，尾部前窄后宽，呈薄铲形。

白生铜盉

西周早期

2011 年湖北省随州市叶家山墓地 M27 出土

通高 27 厘米，器高 23.6 厘米，口径 11 厘米，重 2685 克

器分盖和身。盖面弧形，盖顶正中有盅形小捉手。盖面一侧有半圆环，上有一节环链与鋬手上的半环相连接。器口略侈，方唇束颈，深腹圜底，腹上部一侧有斜伸长管状流，流对侧为半环形兽首鋬，腹下接三柱状细长实心足。盖面及器腹上部均饰兽纹带，构图以兽面居中，两边各饰一爬行龙纹，辅以细线云雷纹衬底。管状流上饰三角形细线卷云纹，底饰一周云雷纹，鋬上浮雕牛角形兽首。鋬内对应器腹上和盖内有相同铭文，字迹清晰，均一行五字，为"白生作彝（曾）"。

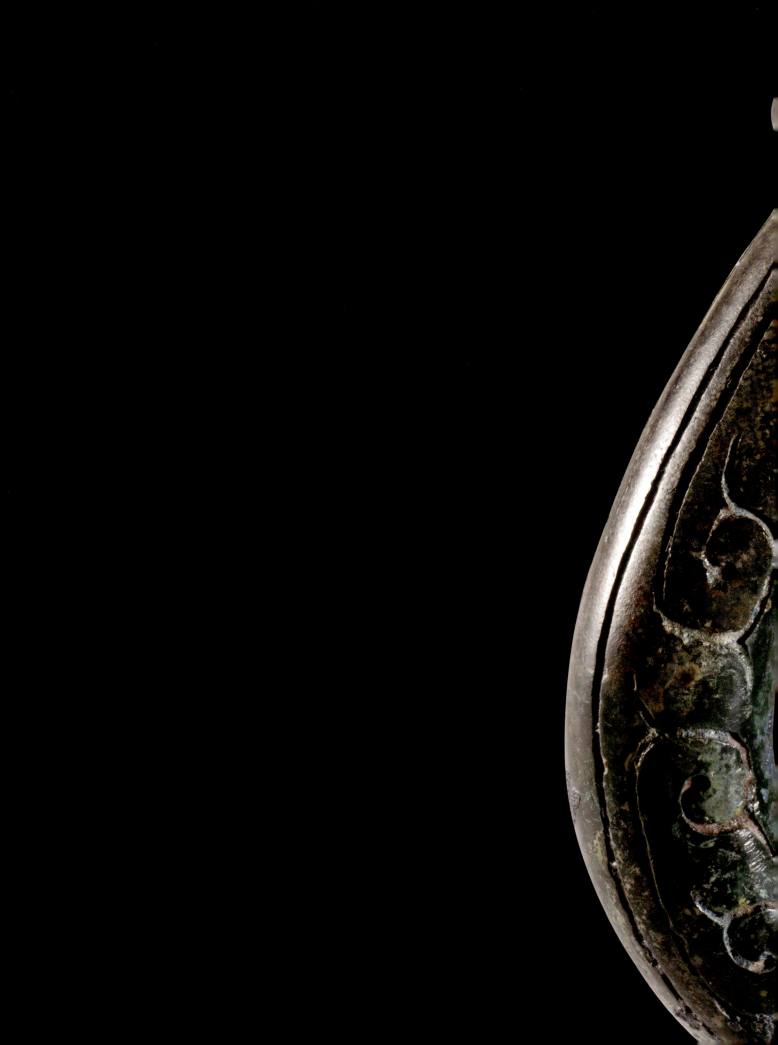

兽面纹觥

西周早期

2011 年湖北省随州市叶家山墓地 M27 出土

通高 27 厘米，首尾长 27.4 厘米，腹深 11.5 厘米，圈足高 3.5 厘米，圈足短径 10 厘米、
长径 13.6 厘米，壁厚 0.3～0.5 厘米，重 3350 克

器分盖、身两部分。盖体呈鞋形，前高后低翘。盖首部为昂起的龙头，颈窄
背宽圆，后端宽扁尾上翘。盖沿内折，伸出短子口，套合于器口。器身上宽
短流，侈口方唇，颈微束，椭圆鼓腹，圜底。椭圆圈足，切地升起台阶。器
尾置半环形大牛角兽首纹鋬，鋬内中空有范泥，下有长方形外勾垂珥。龙头
下颈腹部至圈足、颈腹两侧至圈足饰一条间断三段的竖扉棱，垂珥对应的圈
足上有一条短扉棱，扉棱上均有翘突。

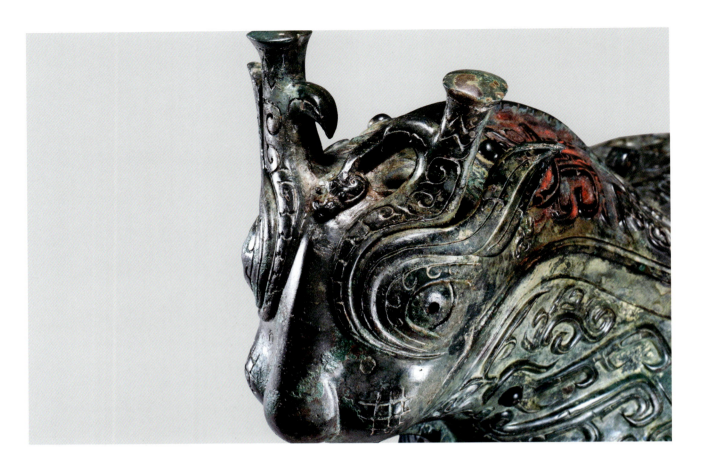

鱼伯彭卣

西周早期

2011 年湖北省随州市叶家山墓地 M27 出土

通高 35.6 厘米，口部短径 11.5 厘米、长径 14.8 厘米，圈足短径 13.5 厘米、长径 17.5 厘米，
重 6870 克

器体呈长椭圆。拱形扁圆提梁，两端有环与器两侧半环耳套接。长椭圆盖隆起似屋顶，
盖顶中心立一菌状捉手，盖底内折成子口。器口平沿，器颈较高且外有一周承盖台面；
深腹，腹中部弧鼓，圜底，圈足外撇，切地处折成矮台阶。提梁中间有简化的细扉
纹，两侧各饰二组简化的爬行龙纹，每组饰爬行龙纹两个，两端为龙首，斜体躯相背；
提梁两端套环上各圆雕成一个大龙头。器盖内、器内底部皆阴铸相同铭文，清晰秀丽，
铭文共二行七字，为"▨（鱼）伯彭作宝噂彝"。

祝父乙觚

西周早期

2011 年湖北省随州市叶家山墓地 M27 出土

通高 26.8 厘米，口径 14.1 厘米，圈足径 8.2 厘米

大喇叭形圆敞口，方唇，长弧颈内敛，细筒形腹，腹中部微外鼓，小平底，喇叭形高圈足，切地面升起台阶。颈部饰六个蕉叶纹，蕉叶三角尖朝上宽边朝下，内饰分开的兽面纹。蕉叶纹下饰一周爬行蛇纹，蛇纹四个，两两头相对，头部较宽大，突出的双眼睛，曲折形的躯体，尾部上卷。蛇纹上下饰一周弦纹。器腹，圈足上有四道直平面扉棱。器腹中部饰兽首纹，分二组，每组以扉棱居中，两边饰对称的分解状内卷牛角形兽首纹。腹下部饰二周细弦纹。圈足上饰二组兽首纹，每组以扉棱为中心，两边饰对称分解状曲折角形兽首纹。圈足内壁一侧阴铸铭文，一行三字，为"祝父乙"。

编钟

西周早期

2013 年湖北省随州市叶家山墓地 M111 出土

甬钟：通高 44.5 厘米，钮高 10.8 厘米，钮顶宽 8.3 厘米，钮底宽 11.1 厘米，钮厚 1.1 厘米，舞修 18.7 厘米，舞广 13.3 厘米，铣间 27.6 厘米，铣间 21.1 厘米，鼓厚 1.4 厘米，铣厚 0.9 厘米，中长 33.7 厘米，重 16450 克

铜铸钟，立钮，钮扁平，上窄下宽呈梯形，钮下部内侧有一扁圆形横梁连接于钮左右两侧。钮两面纹饰相同，均饰云雷纹。平舞，椭圆形，舞面中部有一个方形穿孔，两端各有一根扁圆形立柱支撑着虎尾。铸体扁圆筒形呈合瓦状，上窄下宽口平齐，钟口加厚内侧呈倾斜状，鼓部略厚，铣部稍薄。铣边无棱，其上有对称四虎立置于铣的两侧，两铣各一组，每组二虎，作头下尾上站立状，首尾各一根立柱支撑着虎头及虎尾两端。虎作张口，唇上翘，下唇向下勾卷，方圆暴突，圆形小瞳孔，长躯体，腰凹疑难，粗长尾，尾尖上卷。虎体两面纹饰相同，均饰变体云雷纹。两面钲中各有一形状相同的圆雕扁体凤鸟高突于器表，凤鸟头顶有羽冠，冠前上勾，冠羽向后弯卷，冠羽后侧与舞面相连，勾喙，细颈，挺胸，圆睛暴突，圆形瞳孔，长尾向上勾卷。冠、尾两侧均饰阴线云纹。钟体两面纹饰相同，上下各有一乳钉纹带凸起于器表，纹带上窄下宽呈箍状，以铣边虎饰为界，两面阴线弦纹间各有四个乳钉饰，一周共八个。钟体上部纹带略窄，纹带上的乳钉饰则较小，其高 0.6 厘米，底径 2.2 厘米。钟体下部乳钉纹带稍宽，乳钉饰则略大，其高 1.2 厘米，底径 3.75 厘米。乳钉圆凸，

中心突起一个圆台，下部乳钉上各有四条向右旋转的弧线纹，钟体上部乳钉间饰目云纹，下部乳钉间用云纹和"工"字纹组成的花纹相间隔。钟体钲部两面纹饰相同，均饰浮雕兽面纹，以凸起的凤鸟为鼻梁，曲卷角，圆睛暴突，圆瞳孔，勾眉，鼻翼向上折卷，屈折身，勾卷眉，躯体下有足爪。兽面两侧各有一倒立的浮雕夔龙纹，其头朝下尾朝上，张嘴，唇上翻，下唇内勾，菱形目中有长方形瞳孔，直躯体，刀形眉，躯体下有一爪。兽面及夔龙上加饰阴线云纹。经测音为双音钟，正鼓音 B3-11，侧鼓音 D4-30。

铜甬钟四件。形制大体相同，皆短甬，扁圆形，甬体上细下粗，中空，衡部范缝两侧各有一不规则的小缺口，衡端基本平齐，无衡面，呈穿透状。角下有旋，呈环绕甬体而凸的宽扁形凸箍带，旋及角根间有幹，幹设在钟体一面轴线上，幹体扁圆，呈环钮状。平舞，舞面椭圆。钟体扁圆筒化合瓦状，上窄下宽。鼓壁略厚，铣壁稍薄。甬、幹为素面，旋上饰细阳线云纹间四个大小相同的圆形矮乳钉，舞面饰简化兽面纹，兽的眼、鼻简化为粗犷的云雷纹，钟体上部边沿及铣部棱脊两侧无纹饰，篆带细阳线纹内框饰细阳线云纹，钲鼓部饰细阳线云纹一组。甬、舞的范缝与铣部范缝相对应，未作打磨处理。根据范缝可知这些甬钟的铸型为两块外范和一块芯范（幹范两块嵌入外范内）浑铸而成。浇注口及芯撑不明显。钟腔内壁及顶部光滑平整，未见打磨校音痕迹。但从枚及钲部、篆带及枚带间的界栏看，四件甬钟又有明显的区别，可知原应为两套钟拼合。据此，可分为截锥状枚甬钟和乳钉状枚甬钟两种。

南公方座簋

西周早期

2013 年湖北省随州市叶家山墓地 M111 出土

通耳高 31 厘米，圈足高 5.1 厘米，方座高 10.9 厘米、边长 21.3 厘米，口径 23.4 厘米，腹深 13.4 厘米，重 8825 克

器作敞口外侈，方唇，束颈，弧壁，圆腹略鼓，圈底近平，高圈足略外撇下折成阶状，折角有棱，圈足下端与方座面相接。方座方正，四壁垂直呈 90 度。兽首形半环双耳上端与颈部相接，下端与腹部相连，耳下附一长方形垂珥。耳中空，横截面呈"U"形，内存橘红色范泥为自带半耳芯。方座簋之圈足底内中部悬一小铃，挪动有声。铃作半环钮与簋底半环钮套合在一起不致脱落，铃作平舞，上窄下宽呈合瓦状，铃口平齐，舞下悬一棒形舌。簋器表通体花纹繁缛，腹部以两耳为界分为二组浮雕兽面纹带。每组以竖向长扉为鼻梁，扉作简朴龙纹状。圈足饰一周两组夔龙纹带，器内底中部铸铭二行九字，由右至左自上而下读作："犺作烈考南公宝障彝。"

祖辛鼎

西周早期

2011 年湖北省随州市叶家山墓地 M111 出土

通耳高 56.3 厘米，口径 42.1 厘米，腹深 29.1 厘米，耳高 10.3 厘米，足高 21.3 厘米，重 26050 克

器呈圆口，外折沿，方唇，沿面向内倾斜。口沿上有对称方形立耳直立于折沿上，耳稍外侈，深圆腹下垂，直壁微弧，圜底略平，三蹄足中间略细呈亚腰状，腹内底与足根对应处各有一圆形凹窝。折沿下饰以云雷纹为地的浮雕兽面带一周六组。足根部饰浮雕兽面纹，器内壁铸铭二行四字，自上而下读作："戈 祖辛。" 鼎内附匕。

铜罍

西周早期

2011 年湖北省随州市叶家山墓地 M27 出土

通盖高 47.9 厘米，盖口径 17.4 厘米，器高 32.6 厘米，口径 17.2 厘米，腹径 25.7 厘米，
腹深 25.6 厘米，连耳宽 31.2 厘米，圈足径 17.7 厘米，圈足高 6.4 厘米，重 7420 克

圆盖隆起，盖顶有一圆雕盘龙，龙体沿盖顶边缘旋转而上，龙头翘首居中于
圆形盖面上，盖沿内折成子口。器为平沿内折，沿面向内略倾，方唇，束颈，
鼓肩，肩两侧各有一兽首形半环耳，耳衔圆环，颈下兽首半环耳间各有一对
称的圆雕兽首，兽首后端与肩上部相接，下端与肩下部相连。深腹下收，平
底内凹，腹下一侧有一竖置兽首鋬，高圈足外侈下折成阶状。盖顶圆雕盘龙
作盘绕状，双角粗壮呈树叶花瓣状。器颈部饰二周凸弦纹。肩部两侧圆雕兽
首半环耳造型独特，兽体及衔环两侧饰阴线卷云纹和目纹。

兽首形铜面具

西周早期

2011 年湖北省随州市叶家山墓地 M65 出土

通高 22.3 厘米，面宽 16.1 ～ 21.4 厘米，厚 0.15 ～ 0.4 厘米，重 428 克

器皆为牛首形面具，正面微隆成牛面。双角上翘呈"U"形，角根至角尖渐细，角尖平齐，角根间有一凹槽，角中部有脊向两侧倾斜呈纵向重叠鳞节状；额鼻两侧倾斜中部起脊楞，额中部凸起一菱形纹，尖刀形弯勾眉，长椭圆形眼眶，椭圆睛暴突，中有长条形穿孔为瞳孔，眉侧有叶形大耳，耳尖上翘，鼓腮，宽鼻上卷成鼻孔，大咧嘴，唇角上翘。耳、眼、鼻、嘴面目清晰，形象逼真，栩栩如生。背面所对应的双角及五官均呈凹槽形，其中两眉外侧上部各有一对称的半环形竖钮，鼻部铸一便于穿系的半环形横钮。角饰鳞纹，额饰菱形纹，耳饰阴线"屮"纹，面饰卷云纹。器表未见铜芯撑及范痕，知其为合范浑铸而成，眼部瞳孔为自带泥芯撑。

铜锭

西周早期

2013 年湖北省随州市叶家山墓地 M111 出土

直径 27.6 厘米，边沿厚 1.9 厘米，重 4670 克

圆形，浅盘状，正面及边沿不平整，表面粗糙，有细小的蜂窝状气孔，背面光滑平整，密度较大。

半环形龙纹铜钺

西周早期

2011 年湖北省随州市叶家山墓地 M65 出土

通高 25.4 厘米，最宽 17.8 厘米，背厚 0.49 厘米，銎长 2.7 厘米，銎短径 2.2 厘米、
长径 2.7 厘米，銎厚 0.32 厘米，重 735 克

器呈半环"D"字形，背部有两个间断式竹节状椭圆形穿銎，顶部有
一个椭圆形套銎，体扁宽，半弧形两面刃。两面纹饰相同，均饰龙形
神人纹。背部内侧饰一半环形龙，龙体弯曲呈半环状，龙口下椭圆形
套銎两侧各饰一形象相同的侧面浮雕神人头像。

虎头纹戈

西周早期

2013 年湖北省随州市叶家山墓地 M111 出土

通长 27.2 厘米，援长 19.3 厘米，援宽 4.9 厘米，内残长 6.9 厘米，内宽 3.8 厘米，内厚 0.5 厘米，重 430 克

锋呈半圆弧形，直援，援中无脊，中部加厚，上下刃微弧，无胡，有阑，上下齿较长，阑侧无穿。长方形直内，内尾略弧，内上无穿。援、内两面纹饰相同，均饰虎头和鸟纹。虎纹鼻尖上卷，弧形眉，椭圆形眼眶，圆睛暴突，中有圆形凹窝小瞳孔，作翘吻张嘴状；戈援中部饰鸟纹，鸟首与虎头相对。鸟作尖喙，大圆睛中有凹窝圆形小瞳孔，长躯，弧背，短尾，尾向下内卷，躯体下有二足爪；戈援前端上部饰简体龙纹，龙作长躯、无首、尖尾状；龙纹下端饰两个突起的半圆，半圆内饰云纹。

铜轭首

西周早期

2013 年湖北省随州市叶家山墓地 M111 出土

通高 13.3 厘米，底径 6.8 厘米，销孔径 0.8 ～ 0.9 厘米，重 1215 克

轭作人首形，正反两面浮雕人面状，下有短颈为圆銎，中空以纳木轭头，短颈四周有四个等距离固轭圆形销钉穿孔。头顶发髻共用，为浮雕盘龙形，肥躯，尖尾，龙首向内盘绕，龙嘴被躯体遮挡，半月形嘴上双晴圆而小。轭的一侧人面作半月状拱形眉突起，额顶饰阴线菱形纹，双眼皮，椭圆晴暴突，中有方圆形凹窝小瞳孔，额隆起，鼻梁弧凹，鼻窦扁宽，鼻尖翘起，长吻唇，嘴角向上勾卷，咧嘴露齿，弓形耳共用，作面带微笑状。轭的另一侧亦作人面形，两侧人面各不相同。额顶饰较长，眉间饰一阴线菱形纹，高额鼻宽扁，鼻尖上翘，弧形眉上有阴线短眉，椭圆形眼眶，方圆晴突起，眼中有方圆形凹窝小瞳孔，咧嘴，露齿，吻唇上翘，嘴角两侧獠牙粗大壮弯曲后撇。表面凸起的五官和角所对应的背面均呈人面凹槽状。发髻重环纹，额饰菱形纹，鼻梁饰鳞形纹，鼻尖及颈部饰阴线卷云纹。范缝经打磨不明显，隐约可见轭的两侧有竖向范缝存在，推测该器的铸型为两块外范、一块底范和一块芯范浑铸而成。

二　其他贵族墓

兽面纹铜尊

西周早期

2011 年湖北省随州市叶家山墓地 M8 出土

通高 25.2 厘米，口径 19.7 厘米，腹深 20.2 厘米，足径 13.5 厘米，
足高 4.9 厘米，重 2095 克

器呈圆筒形，喇叭口状大敞口，侈沿，方唇，深圆腹，中腹
微鼓，圆底，高圈足外撇，切地处下折呈矮阶状。中腹饰对
称浮雕兽面纹，共二组，纹饰相同。

兽面纹铜爵

西周早期

2011 年湖北省随州市叶家山墓地 M15 出土

通高 21 厘米，流至尾长 17.1 厘米，腹径 6.1 厘米，腹深 9.4 厘米，足高 10.4 厘米，柱高 3.9 厘米，残重 705 克

前有槽状流上扬，后有三角形尖尾上翘，侈口，尖唇，两菌状柱直立于器口近折流处。柱的横截面呈梯形，窄面向内，宽面朝外，柱顶隆起，深圆腹，卵形底，腹的一侧有一半环形扁平兽首鋬与一足相对应，三棱锥状刀形足外撇，横截面呈三角形。菌状柱顶面饰涡纹。上腹部饰兽面纹二组，半环形鋬上部兽面作向下倾斜状。

戈父丁觯

西周早期

通高 16.9 厘米，口径 8.5 厘米，最大腹径 6.2 厘米，腹深
14.9 厘米，圈足高 2.4 厘米、径 6.1 厘米，壁厚 0.25 厘米，
残重 350 克

器瘦长。敞口，窄方唇，细长颈略束，深圆腹下垂，
圆底，喇叭口形高圈足下折呈矮阶状。素面。器内底
铸铭一行三字，自上而下读作："▨（戈）父丁。"

铜甗

西周早期

2011 年湖北省随州市叶家山墓地 M107 出土

通耳高 40.5 厘米，器高 33.4 厘米，口径 26 厘米，腹深 27 厘米，耳高 6.9 厘米，
足径 2.6 厘米，重 6445 克

器为甑、鬲连体。甑为敞口，沿外侈，方唇，两绚索形耳直立于侈
沿上，深腹，直壁下收，束腰。甑内底有桃圆形三角箅，箅略小于
甑内底，箅上有一半圆形宽扁状提钮，钮的对侧有一个圆形穿孔，
穿连于腰间半圆环内，洗刷时不致脱落。箅上有五个"十"字形镂
孔，中间的一个镂孔未穿透，腰间有三个形状、大小相同，间距相
等的三角状突齿支撑着箅的边沿不致落下。鬲口略呈桃圆形，束颈，
圆肩，鼓腹，分裆，下有三柱状足，足根部略粗。甑耳饰绚索纹。
甑口沿下饰一周展体式兽面纹带，对鬲裆处各有一条扉棱，以扉棱
为鼻梁组成三组展体兽面纹。

龙纹扉棱方鼎

西周早期

2011 年湖北省随州市叶家山墓地 M122 出土

通耳高18.2厘米，口长14.2厘米，口宽10.9厘米，耳高3.8厘米，
足高7.3厘米，重1405克

长方形口，外折沿，沿面略内斜，方唇，纵向折沿中间
有长方形对称立耳，长方形直壁略下收，平底，四柱状
足分别直立于器底四角之下，足根部略粗，四隅和足根
部外侧各有一"F"形扉棱，足部扉棱呈简朴状。口沿
下四面纹饰相同，上腹部长方形方框内饰以云雷纹衬地
的夔龙纹。

曾太保盨

西周晚期

1976 年湖北省随州市万店周家岗出土

通高 24.9 厘米，口径 21.5 厘米

隆盖，盖顶有圆形捉手，子口以承盖，半环兽首形附耳，下有曲尺方珥，鼓腹下垂，圈足下附三方形兽首足。盖、器口沿、腹均饰窃曲纹和瓦纹，圈足饰垂鳞纹。盖、器内铸有相同铭文四行二十三字："曾太保□用吉金自作宝盨，用享于其皇祖文考，子子孙孙永用之"，铭文有刮磨痕迹。

第二单元

左右楚王
附楚抗吴

一
曾
侯
墓

曾侯石铜壶

春秋早期

2014 年湖北省随州市公安机关追缴

通高 54.5 厘米，口径 17 厘米，腹径 28 厘米，底径 25.8 厘米

壶由器盖、器身两部分组成，盖顶具喇叭形捉手，深子口。器身为母口，口向内折敛，尖唇，平沿，长颈，颈部对置兽首形套环耳，溜肩，鼓腹，圈足，圈足外撇、下折。盖壶饰垂鳞纹、蝉纹，壶身自颈中部以下依次饰多周纹带，颈部饰重环纹、垂鳞纹，上下腹部饰瓦楞纹，中腹部饰蝉纹间窃曲纹，下腹部饰瓦楞纹，圈足饰垂鳞纹。壶盖子口外壁及壶身口沿下内壁铸正反相对、内容相同的铭文，为："昆君妇媿霝作旅壶，其年万子子孙孙永用。"

曾侯石铜盨

春秋早期

2014 年湖北省随州市公安机关追缴

通高 19 厘米，口径 21.4 厘米 ×15.6 厘米，腹径 34.5 厘米 ×19 厘米，底径 22.3 厘米 ×16.3 厘米

器身椭方形，鼓腹，双兽耳，圈足，器盖上带四个曲尺形钮，仰置时为四足。盖、身均饰瓦楞纹。盖内有铭文数行。

盨出现于西周中期，流行于西周晚期，春秋以降衰落。功能和簋相类，是盛食器，器身、器盖均可作为容器使用，但器、盖造型有别。

曾侯宝铜鼎

春秋中期

2012 年湖北省随州市公安机关追缴

通高 31.1 厘米，口径 36.6 厘米，重 11190 克

腹内壁铸有二十二字铭文："唯王五月吉日庚申，曾侯宝择其吉金，自作阴鼎，永用之。"

唐侯制随夫人行鼎

春秋中期

2012 年湖北省随州市公安机关追缴

通高 22.5 厘米，口径 28.7 厘米，重 3580 克

腹外刻有十二字铭文："璺（唐）侯制随夫人行鼎，
其永祜福。"

曾侯與

曾侯與行鬲

春秋晚期

2009 年湖北省随州市文峰塔墓地 M1 出土

通高 11.6 厘米，裆高 5 厘米，口径 14.4 厘米

敞口瘪裆鬲，胎体较厚，平沿，方唇，敛口，深腹微鼓，瘪裆，三蹄形款足，足窝较深。足内侧各有一条范缝痕迹，相交于裆底，足底面各有一长条形浇冒口痕迹。鬲腹饰三组变形夔龙纹。沿面铸铭文一周六字："曾侯與之行鬲。"

曾侯邸钟

春秋晚期

2009 年湖北省随州市文峰塔墓地 M1 出土

通高 112.6 厘米，甬长 44.4 厘米，重 142700 克

钟体六个部位共铸有铭文一百六十九字。

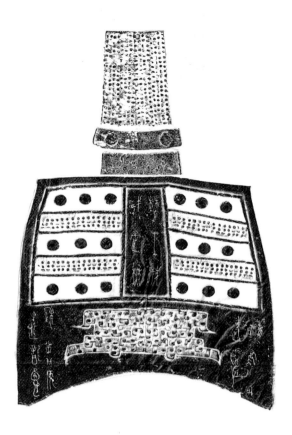

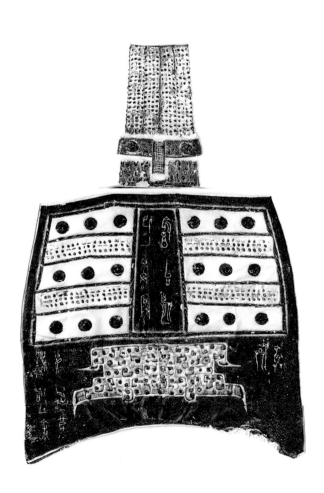

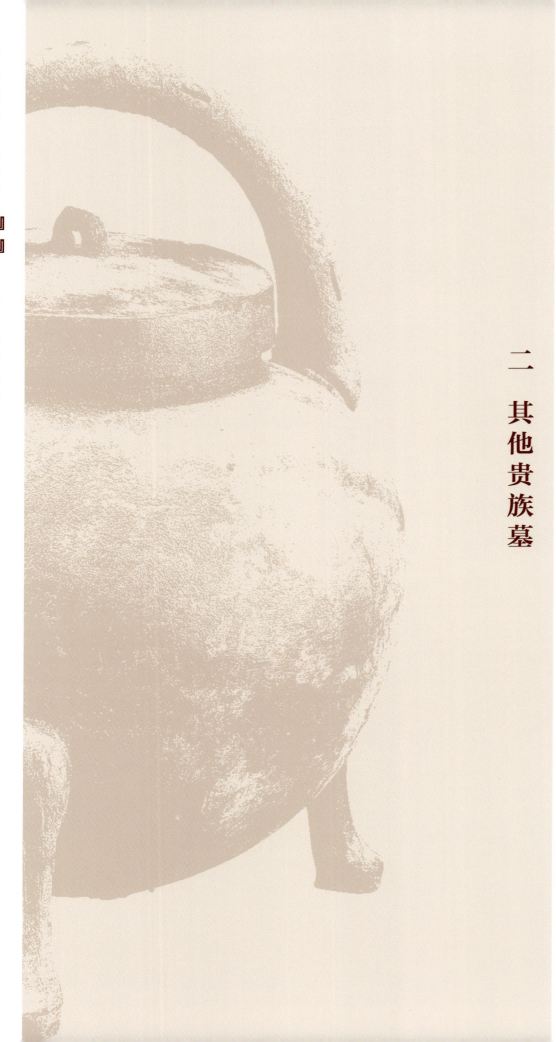

二 其他贵族墓

铜盘

西周晚期

1979 年湖北省随州市安居桃花坡 1 号墓出土

通高 16 厘米，口径 36.5 厘米

内折沿，浅腹，高圈足。圈足承托四个卧牛形足，盘口一侧有一短流，另一侧附龙形鋬。腹部饰窃曲纹，圈足饰垂鳞纹，鋬饰重环纹。盘内底铸有铭文四行二十四字："唯起右自作用其吉金宝盘，适用万年子子孙孙永宝用享，永用之。"

瓦纹匜

西周晚期

1979 年湖北省随州市安居桃花坡 1 号墓出土

通高 15.8 厘米，流至尾长 28.1 厘米

似瓢形，兽首管状流，尾部有一龙首鋬，
底接四个扁体兽形足。口沿饰一周重环纹，
腹饰瓦纹，四扁足外饰云纹。

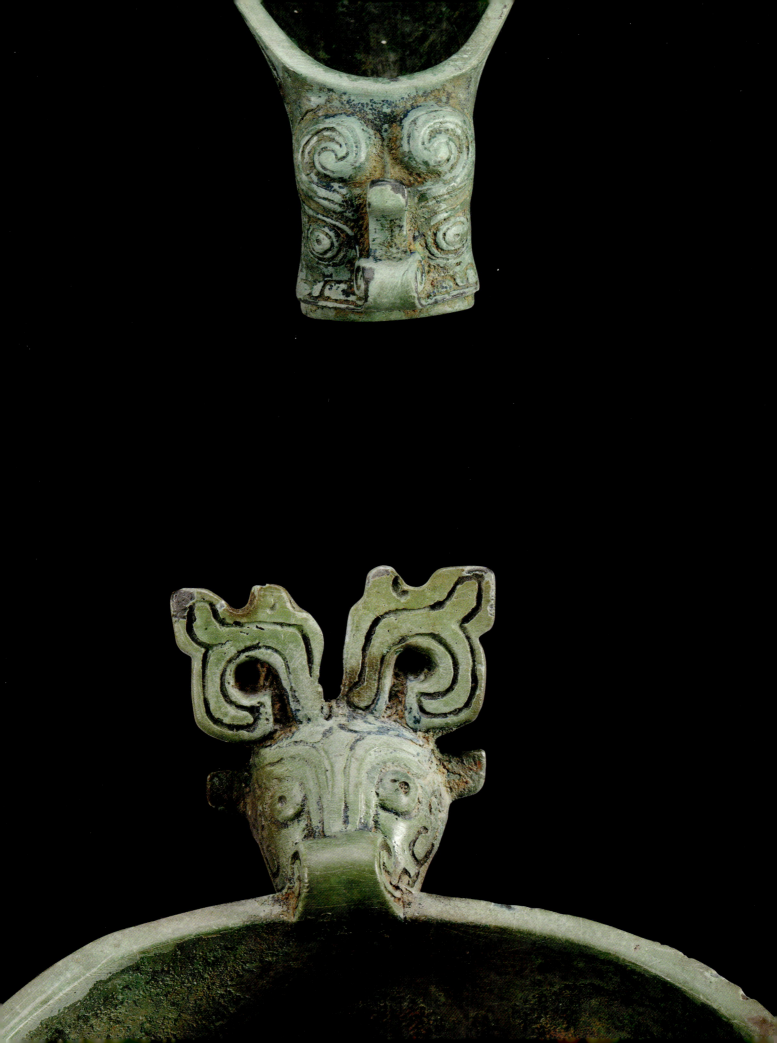

曾都尹定簠

春秋晚期

1988 年湖北省随州市安居徐家嘴 M1 出土

通高 13.5 厘米，口长 20.6 厘米，口宽 14.1 厘米

盖、身均为长方斜斗形，可扣合。直口沿，腹下收，小平底，四矩钮，足作曲尺形。侧腹各有一环钮、耳。盖、身均饰蟠虺纹。器盖、腹内底铸有相同铭文二行七字："曾都尹定之行簠。"

铜盉

战国中期

2013 年湖北省随州市文峰塔墓地 M33 出土

通高 19 厘米，直径 16.5 厘米，重 1700 克

盉由圆腹、三足、提梁、盉流四部分组成。平盖有钮，圆鼓腹，简约兽首形流，下置三条蹄形足。素面。此器整体造型简约质朴而美观，工艺铸造精良，具有较高的艺术和科研价值。

第三单元

华夏正声
领袖楚风

曾侯墓

曾侯乙走戈

战国早期

1978 年湖北省随州市擂鼓墩墓地 M1 出土

通长 21.5 厘米，援长 14 厘米，胡长 10.2 厘米，
内长 7.5 厘米

援身宽短，中脊起棱，援、胡之间的弧度较小，
援根一小方穿，胡栏侧三穿，内中部一穿。
援和胡上阴刻铭文六字："曾侯乙之走戈。"

三戈戟

战国早期

1978 年湖北省随州市擂鼓墩墓地 M1 出土

矛通长 11.4 厘米，一戈通长 27.3 厘米，二戈通长 17.8 厘米，三戈通长 16.9 厘米

此戟由一件戟刺和三件戟戈自上而下安装于同一秘杖上组成。戟刺呈葵籽形，两面刃，中脊起棱，横截面呈菱形，骹部作扁十面筒形，叶、骹结合部起宽箍，近骹口部起窄箍，箍上皆有纹饰。上中下三戈皆为狭长形长胡四穿戈，援中起脊棱，横截面呈菱形，援、胡部后侧起阑，胡末有下齿，皆素面无纹。上戈有长方形内，中下两戈无内。戟刺下长秘的上端，装有三个瘦长援戈形戟头，戟头束腰明显，中脊凸棱突出，援根一小穿，栏侧为二长穿或三长穿，上一戟头援最长，有内，内末下部圆凸侈出，下两个戟头援长递减，内近无。

曾侯丙方缶

战国中期

2012 年湖北省随州市文峰塔墓地 M18 出土

通高 47.5 厘米，口径 22.8 厘米

方盖，盖面上有四个对称的环钮，平顶，中部凸起
一个方台，盖沿下折，外壁有一道宽凹槽。器为方
口，宽方唇，矮颈，方肩，方腹略下收，方圈足。
肩部有对称的兽首衔环，双耳呈公、母兽接吻状。
公兽在上，双角弯曲，宽高鼻，圆目暴突。母兽无角，
双目圆鼓，呈昂首曲体翘尾状。盖、器纹饰相同，
满饰银线菱形勾连纹，内嵌绿松石。器盖内壁方形
凹槽内铸铭文二行十一字："曾侯丙之赴缶硖以为
长事。"双耳铸有内容相同的铭文三行七字："曾
侯赴缶硖以为。"

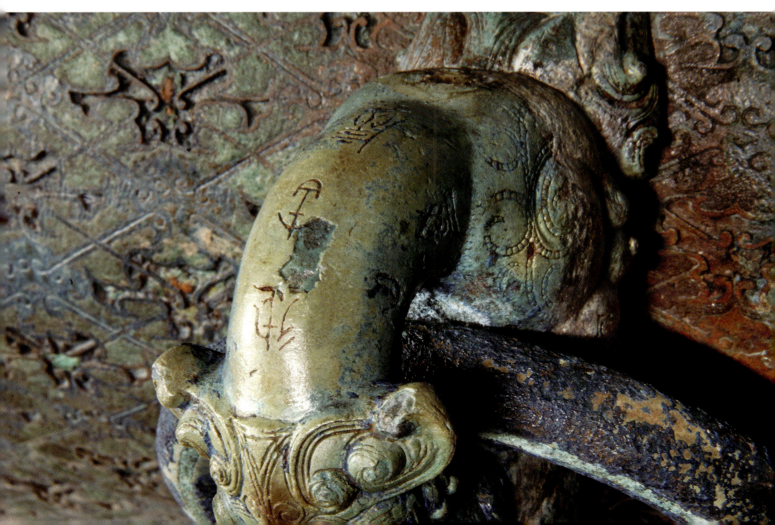

嵌石料红铜簠

战国中期

2012 年湖北省随州市文峰塔墓地 M18 出土

通高 25.7 厘米，腹径 33.5 厘米 ×22 厘米，重 13410 克

长方体，盖、器的形制大小相同。盖口沿长边各有两个器扣，短边各一个器扣。器直口，腹壁斜直，平底，四曲尺形足。盖和器的腹部各有一对龙形耳，上下相对。盖、器的口部、斜壁、足均饰有纹饰。簠的铸造盖、器相同，耳为后铸焊接。

提梁壶

战国中期

2012年湖北省随州市文峰塔墓地 M18 出土

通高 34 厘米，腹径 22 厘米，重 8295 克

方盖，盖面有四个蟠螭状立钮。器为方口，
平沿外折，方唇，直颈，方肩，方鼓腹，平底，
方圈足较矮，上腹部有对称环钮衔环。通
体饰勾连细云纹镶嵌绿松石。颈内壁铸有
铭文二行六字："曾侯丙作尊餅。"

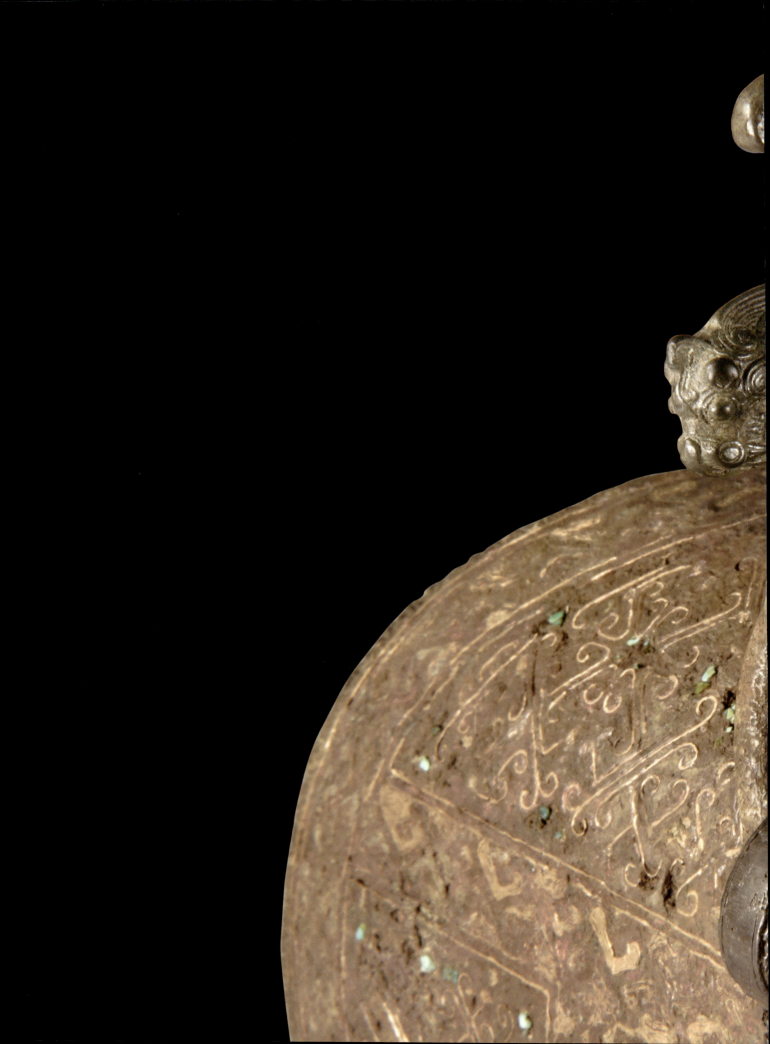

铜盒

战国中期

2012 年湖北省随州市文峰塔墓地 M18 出土

盖高 4.5 厘米，盖口径 21.5 厘米，器口径 20.8 厘米，腹
径 21.2 厘米

圆盖，盖面微隆，盖沿弯折下垂罩住器口，盖缘
一周有三个形制大小相同、间距相等的兽钮衔环。
器身呈半球形，口微敛，窄平沿，沿面略向内斜，
弧腹，圜底近平。上腹有三个与盖缘相同的环钮
相对应。盖及器身素面。兽钮为双首共身的半环钮，
兽首呈三角形，阔嘴，圆睛，拱躯中部有一道凹
弦纹，两侧各饰两道细弦纹。

铜鼎

战国中期

2012 年湖北省随州市文峰塔墓地 M18 出土

通高 22.5 厘米，口径 36.8 厘米，腹径 33 厘米

通体较宽扁。圆形侈口，外折沿，沿面内斜，方
唇，口沿下有一对长方形附耳，浅弧腹，平底，
三蹄足较长，足内侧竖直，足根位置在上腹。上
腹部饰两周龙纹。每周龙纹内，上下两龙互为倒
置。龙回首，圆睛，口微张，上颌前突，身躯平卧，
内卷尾。足根部饰兽面纹。

铜鼎

战国中期

2012 年湖北省随州市文峰塔墓地 M18 出土

通高 38 厘米，耳宽 4 厘米，重 15520 克

盖隆起，顶中心为双首龙半环形钮，衔圆形扁体活环，盖近缘处有三个等距离立式或卧式牛形钮，方形附耳略外撇，圆腹，三蹄足。盖面从内向外饰绚索纹、云雷纹、变形蟠螭纹，以三道凸弦纹为界纹，凸弦纹上饰勾连云纹，提手环上饰三角勾连云纹，牛钮上饰阴线涡云纹，口沿及腹中部分别饰一周凸弦纹，凸弦纹上饰勾连云纹，二凸弦纹之间饰蟠螭纹，纹内填圆涡纹、三角形纹。

镬鼎

战国中期

2012 年湖北省随州市文峰塔墓地 M18 出土

通高 51.6 厘米

该件兽足大鼎，风格与 1933 年安徽寿县楚幽王墓出土的铸客大鼎几近相同。口微敛，宽平折沿，厚方唇，两长方形附耳外撇，上腹壁略外弧，下腹壁内弧，圜底较平。腹下部外侧接有三个兽面蹄形足，蹄形足较高外撇，内侧面较平，外侧面呈弧形，横截面近似圆形。

铜提链鉴

战国中期

2012 年湖北省随州市文峰塔墓地 M18 出土

通高 27.5 厘米，腹径 40.5 厘米，重 10430 克

水器。有盖，顶微隆，盖缘周边有四个相同大
小的环钮，盖沿下每边各有两个衔扣。腹部两
边均附有环钮形提链。器为大口，方唇，短颈，
圆腹，平底，圈足。盖、腹部各饰两道弦纹。
此器造型简约大气，工艺铸造精良。

擂鼓墩二号墓编钟

战国中期

1981 年湖北省随州市擂鼓墩墓地 M2 出土

最大的一件通高 96.7 厘米，铣间 38.1 厘米，重 78800 克；最小的一件通高 30 厘米，铣间 11.9 厘米，重 4500 克

甬钟三十六件。形制相同，大小各异。钟体扁如合瓦，铣边有棱，舞平，上有八棱形长甬，甬下部有旋、斡，体上部略窄，下部稍宽，呈直线外侈，干部向上收成弧形，铣部下阔，内有四个凸起的音脊。大型甬钟八件，钲部两边各有三排长枚，甬、舞、篆部均饰变形蟠螭纹，正鼓部花纹有别，四件为浮雕神人操蛇图像，四件饰兽面纹，神人操蛇图像在编钟纹饰中出现，还是首次。小型甬钟二十八件，钲部两边各有五个泡形短枚，钟壁较厚，甬、舞、篆部均饰变形蟠螭纹，正鼓部饰兽面纹。经专家测试，每件钟都为一钟双音，至今仍可演奏古今中外的乐曲。

蟠螭纹圆尊缶

战国中期

1981 年湖北省随州市擂鼓墩墓地 M2 出土

通高 43.4 厘米，口径 16.8 厘米

用于盛放酒水，造型古朴，纹饰细致。
盖面饰重环纹、蟠龙纹，腹部饰蟠螭纹。
隆盖有四个对称的环状钮。直口微侈，
长颈微束，溜肩，鼓腹，有四个对称的
环形耳，平底，圈足。

背带纹方壶

战国中期

1981 年湖北省随州市擂鼓墩墓地 M2 出土

口长 17.8 厘米，口宽 15.1 厘米，通高 57 厘米

方体，花冠状盖。直口微侈，颈微束，两侧附对
称伏龙形耳，溜肩，鼓腹，圈足。盖饰蟠龙纹，
腹部以宽带凸棱纵横分隔，形成背带纹，内填蟠
螭纹，圈足饰变形蟠螭纹。

蟠螭纹方尊缶

战国中期

1981 年湖北省随州市擂鼓墩墓地 M2 出土

通高 44.7 厘米，口径 15.5 厘米

曾国高等级贵族用于盛放酒水的容器，
方体，盝顶形盖，腹中部有四个对称的
环形耳，平底，圈足，盖部和腹部各装
饰一周鸟首龙纹和菱形纹。

九鼎八簋

战国中期

1981 年湖北省随州市擂鼓墩 M2 出土

鼎通高 26.1 ～ 29.9 厘米，簋通高 24.6 ～ 26.6 厘米

升鼎九件，形制、纹饰相近。敞口，厚方唇，平折沿，
方形立耳外撇，浅腹，平底，三兽蹄形足。两耳内外侧、
腹部均满饰蟠螭纹。方座簋八件，形制、纹饰相近。
隆盖，盖顶中心为四瓣莲花形钮。侈口，束颈，鼓腹，
半环形兽首耳，平底，圈足连一方座。盖面、器身和
方座都满饰鸟首龙纹、蟠虺纹、蟠螭纹。擂鼓墩 M2 使
用了九鼎八簋组合，表明死者的身份等级相当高。

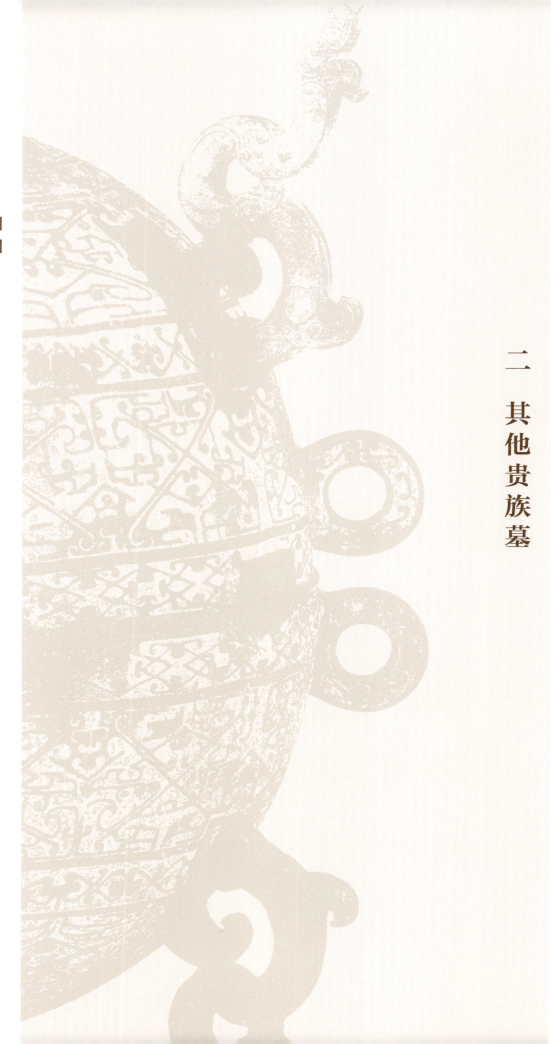

二 其他贵族墓

菱形勾连云纹敦

战国中期

1983 年湖北省随州市擂鼓墩吴家塆 M13 出土

通高 28 厘米，口径 20.5 厘米

呈椭圆球体。盖、身相同，盖口部有三个舌形扣钮，可扣合。盖、身分别有三个扁状透空兽形钮、足，口部均有两个对称环形耳。通体饰菱形勾连云纹、三角几何纹、涡纹。